Verhaltenstherapeutische Langzeittherapien in der Praxis niedergelassener Therapeuten - Verlauf, Wirkung und differentielle Effekte

Dissertation

zur Erlangung der Würde eines Doktors der Philosophie der Universität Hamburg

vorgelegt von

Thomas Schlüter
aus Hamburg

Hamburg, 2000

Referent:	Prof. Dr. Jochen Eckert
Korreferent:	Prof. Dr. Bernd Dahme
Tag des Abschlusses der mündlichen Prüfung:	29. Juni 2000
Herstellung:	LIBRI Books on Demand
ISBN:	3-8311-0636-3

Danksagung an

Prof. Dr. Jochen Eckert

Dipl.-Psych. Ursula Meyer-Kolcu

Dipl.-Psych. Gundula Sachs

Dr. phil. Gerhard Zarbock

Dr. phil. Sonja Schneeberg-Kirchner

Dr. phil. Michael Schödlbauer

Dipl.-Psych. Thomas Zeikau

Dipl.-Psych. Dennis Brodbeck

für ihre Mitwirkung am Gesamtprojekt der Frankfurt-Hamburger Langzeitpsychotherapiestudie

Zusammenfassung

In einem prospektiven naturalistischen Design wurden 31 Patienten untersucht, die im Rahmen der Kassenärztlichen Versorgung eine verhaltenstherapeutische Langzeittherapie (mit im Mittel 63 Sitzungen) erhielten. Langzeittherapie in der Praxis niedergelassener Therapeuten bedeutet ein Stundenumfang ≥ 40 Stunden. Alle Patienten wurden vor Aufnahme in die Studie durch externe Interviewer mit dem Strukturierten Klinischen Interview für DSM-III-R (WITT-CHEN et al., 1991) diagnostisch untersucht. In die Studie wurden ausschließlich Patienten aufgenommen, die die DSM-III-R Kriterien für das Vorliegen einer depressiven oder einer Angststörung erfüllten. Symptomatik (**SCL-90-R**) sowie interpersonale Beziehungen (**IIP**) wurden zu vier Zeitpunkten erhoben: Bei Behandlungsaufnahme, nach einem Jahr, nach 2,5 Jahren und nach 3,5 Jahren; zum Zeitpunkt der letzten Befragung waren 16% der verhaltenstherapeutischen Langzeittherapien noch nicht abgeschlossen. Ergänzend wurde nach 3,5 Jahren ein katamnestisches Interview angeboten, an dem sich noch 2/3 aller Patienten beteiligten.

Hier die relevanten Ergebnisse:

1. Verhaltenstherapeutische Langzeittherapien waren in Verbindung mit den Patienten, die unter naturalistischen Bedingungen in diese Behandlung fanden, sehr erfolgreich. Die Symptombelastung änderte sich in allen Skalen des **SCL-90-R** und im Gesamtwert **GSI** hochsignifikant. Die Effektstärke des Gesamtwerts (berechnet nach der Formel $ES = (x^{post} - x^{prä})/s^{prä}$) weist nach 3,5 Jahren einen hohen Wert von $ES = 1,11$ aus. In der interpersonalen Problematik, gemessen in **IIP**, ließen sich ebenfalls hochsignifikante Veränderungen zwischen Behandlungsbeginn und 3,5-Jahreszeitpunkt feststellen. Die Effektstärke des Gesamtwerts der interpersonalen Belastung betrug $ES = 0,87$. Die interpersonale Problematik reduziert sich später als die Symptombelastung dergestalt, daß substantielle Veränderungen erst zwischen der 2,5 und 3,5-Jahres-Befragung festzustellen waren. Im Erleben und Verhalten der Patienten, gemessen im **VEV**, ließen sich für die erfragten Zeitabschnitte hochsignifikante Veränderungen feststellen.

2. Eine Katamnese nach 3,5 Jahren zeigte aus Patientensicht bzw. Perspektive eines unabhän-
    gigen Dritten deutliche Veränderungen in den verschiedensten Dimensionen.

3. Die Langzeittherapien hatten unter naturalistischen Bedingungen einen eher „ungeordneten"
    Verlauf. Dies betrifft den Therapiebeginn und den Therapieverlauf: 1/3 der Patienten hatte
    sich vor der beforschten Behandlung bereits einer oder mehrerer Therapien unterzogen und
    Therapien wurden nicht selten unterbrochen.

4. Aufgrund der vorliegenden Ergebnisse ist die Indikation verhaltenstherapeutischer Lang-
    zeittherapie bei der Behandlung von Depression gemäß DSM-III(IV)-R, Achse 1, im Sinne
    einer wissenschaftlichen Leitlinie „nützlich"[1], bei sehr schweren und bereits lang anhaltenden
    depressiven Erkrankungen auch „notwendig"[1], um zu einem substantiellen und überdauer-
    dem Therapieerfolg zu kommen.

Bei einer Gegenüberstellung mit den Ergebnissen von BROCKMANN (2000) betreffend einer
Stichprobe tiefenpsychologisch/psychoanalytisch behandelter Patienten wird deutlich, daß sich
auch bei vergleichbaren Diagnosen und statistisch ähnlich signifikant erfolgreichem Behandlungsverlauf die Patientengruppen in verschiedenen Merkmalen wie z.B. der Schulbildung, dem
Zugangsmodus zur Psychotherapie, der Symptombelastung zu Beginn und Ende der Psychotherapie sowie dem Gebrauch psychotroper Medikamente teilweise erheblich unterscheiden.

---

[1] Zentrale Forderungen an eine Behandlung in den Leitlinien zur Qualitätssicherung in Medizin und Psycho-
    therapie

1. Einleitung

Die vorgelegte Arbeit gewinnt ihre Daten aus dem Gesamtprojekt der „Frankfurt-Hamburger Langzeitpsychotherapiestudie", das ab Frühjahr 1992 von Josef Brockmann und Thomas Schlüter, beide niedergelassene Psychotherapeuten in eigener Praxis, begonnen wurde. Im Rahmen dieses Projektes sollten unter der Betreuung von Prof. Dr. Jochen Eckert psychoanalytische und verhaltenstherapeutische Langzeittherapien bezüglich Verlauf und Wirkung in einem naturalistischen Design beforscht werden. Die jetzt zur Promotion eingereichte Arbeit mit dem Titel „**Verhaltenstherapeutische Langzeittherapien in der Praxis niedergelassener Therapeuten - Verlauf, Wirkung und differentielle Effekte**" stellt ausgewählte Bereiche aus Sicht der Verhaltenstherapie dar bzw. diskutiert spezifische Fragestellungen wie die Erstellung einer Leitlinie für die Indikation verhaltenstherapeutischer Langzeittherapie bei Depression. Um die Ergebnisse besser in den Gesamtzusammenhang des Projekts einordnen zu können, wird häufig auf vergleichbare Daten der psychoanalytisch orientierten Arbeit von BROCKMANN (2000) verwiesen werden.

Die Besonderheit der „Frankfurt-Hamburger Langzeitpsychotherapiestudie" liegt darin, daß

- Vertreter verschiedener Therapierichtungen (PA/VT) an einem Forschungsprojekt beteiligt waren

- Patienten untersucht wurden, die von niedergelassenen Psychotherapeuten für die Untersuchung vorgeschlagen wurden

- Langzeittherapien beforscht wurden.

Meines Wissens liegt zum gegenwärtigen Zeitpunkt eine vergleichbare Studie nicht vor.

Im Vorfeld der Untersuchung wurden inhaltliche und strukturelle Möglichkeiten des Projekts so sorgfältig vorbereitet, wie es ein naturalistisches Design zuläßt. Hierzu gehörte unter anderen die oft schwierige Anwerbung von Psychotherapeuten, die den geforderten Gütekriterien der Zulassung zur Kassenärztlichen Versorgung (Delegationsverfahren) entsprachen und bereit waren, an der Untersuchung teilzunehmen - um damit ein Stück therapeutische Intimität aufzugeben. Die eigentliche Datenerhebungsphase begann 1993.

Wie man sich leicht vorstellen kann, verläuft ein Projekt mit diesem Anspruch und Umfang nicht reibungslos. Um so mehr freut es mich am Ende einer über 7 Jahre währenden Zusammenarbeit mit J.Brockmann und J.Eckert sagen zu können, daß durch kollegialen Austausch und Inspiration alle Hindernisse aus dem Weg geräumt werden konnten und ich mich um diese Erfahrung bereichert fühle.

2. Fragestellung der Untersuchung

2.1 Allgemeine Überlegungen

Verhaltenstherapeutische Langzeittherapien, wie sie im Rahmen der kassenärztlichen Versorgung gemäß den „Psychotherapie-Richtlinien" (Richtlinien des Bundesausschusses der Ärzte und Krankenkassen über die Durchführung der Psychotherapie in der kassenärztlichen Versorgung - Neufassung vom 3. Juli 1987) in der Praxis niedergelassener Psychotherapeuten durchgeführt werden, sind in Prozeß und Wirkung empirisch weitgehend unerforscht. Zu den Langzeittherapien gemäß den Richtlinien gehören neben verhaltenstherapeutischer Langzeittherapie auch tiefenpsychologisch fundierte und analytische Psychotherapie.

Die Hauptfragestellung der vorliegenden Arbeit lautet dementsprechend:

Welche Wirkung und welchen Verlauf haben verhaltenstherapeutische Langzeittherapien, durchgeführt in freien Praxen von kassenzugelassenen Verhaltenstherapeuten ?

Der methodische Ansatz der Untersuchung ist der einer „naturalistischen Studie im Feld" (s. auch Kapitel 4 „Methodik"), die dabei gewonnenen Felddaten unterlagen dabei einigen Einschränkungen und Bedingungen (s. Kasten)

2.2 Präzisierung der Hauptfragestellung

A)   Welchen Verlauf und welche Wirkung haben verhaltenstherapeutische Langzeittherapien, angewandt bei Patienten mit depressiver und/oder Angst-Symptomatik und durchgeführt in freier Praxis ?

Verlauf und Wirkung der Behandlungen (Therapieeffekte) sollten dabei schwerpunktmäßig erfaßt werden in den Bereichen: Symptomatik, interpersonale Problematik sowie Veränderung im Erleben und Verhalten.

Einschränkungen der Felddaten

- Die Untersuchung beschränkte sich mit wenigen Ausnahmen auf Patienten zwischen 18-45 Jahren und mit einer nachgewiesenen Symptomatik im Bereich Depressionen oder/und Angst gemäß den Kriterien des DSM-III-R, Patienten mit Psychosen bzw. Suchtproblemen blieben ausgeschlossen. Die Symptomatik wurde eingeschätzt im klinischen Interview SKID (WITTCHEN et al., 1991) durch einen unabhängigen Interviewer.

- Um den Untersuchungsaufwand zu begrenzen wurden überwiegend Daten aus der Patientenperspektive erhoben. Zusätzlich fand die Perspektive eines unbeteiligten Dritten Eingang in die Studie durch unabhängige Interviewer zu Beginn der Behandlungen im SKID und nach 3 ½ Jahren im Katamneseinterview.

- Die verhaltenstherapeutischen Langzeittherapien wurden alle von psychologischen Therapeuten durchgeführt, die eine Zulassung zur Durchführung von Verhaltenstherapien gemäß den Richtlinien der Kassenärztlichen Bundesvereinigung bzw. der Kassenärztlichen Vereinigung Hamburg hatten (s. auch Kapitel 5.1 „Die Therapeuten-Basisdaten").

Die im Rahmen des Gesamtprojekts der "Frankfurt-Hamburger Langzeitpsychotherapiestudie" naheliegende Frage der Vergleichbarkeit verhaltenstherapeutischer gegenüber tiefenpsychologisch/analytisch orientierten Langzeittherapien, durchgeführt in freien Praxen, findet sich in zwei nachgeordneten Fragestellungen wieder. Da die meisten Variablen von den Feldbedingungen vorgegeben wurden und keiner quasi-experimentellen Kontrolle unterlagen, kann die Vergleichbarkeit nicht vorausgesetzt werden. Deswegen wurden zunächst folgende Fragestellungen untersucht:

> *A 1)   Ist die verhaltenstherapeutische Behandlungsgruppe zu Therapiebeginn in wesentlichen soziodemographischen Merkmalen wie der Symptombelastung, der interpersonalen Problematik und weiteren Parametern der Krankheitsschwere mit unter ähnlichen Bedingungen gewonnenen Daten einer tiefenpsychologisch/ analytisch behandelten Behandlungsgruppe vergleichbar - d. h. nicht deutlich unterschiedlich ?*

Sowie sinngemäß die Fragestellung nach Verlauf und Wirkung:

> *A 2)   Gibt es wesentliche Unterschiede in Verlauf und Wirkung von verhaltenstherapeutischen Langzeittherapien gegenüber Verlauf und Wirkung von tiefenpsychologisch/analytisch orientierten Langzeittherapien ?*

Neben dieser differenzierten Hauptfragestellung wurden die verhaltenstherapeutischen Langzeittherapien unter folgendem speziellem Aspekt untersucht:

2.3   Fragestellung zur Formulierung einer Leitlinie für die Indikation verhaltenstherapeutischer Langzeitherapie bei depressiven Erkrankungen

Da in dieser Untersuchung insgesamt deutlich mehr Patienten mit depressivem Krankheitsbild behandelt wurden (Verhältnis etwa 2:1, s.a.Kapitel 5.3.1.3 „Verteilung der Diagnosen"), haben die zu dieser Gruppe erhobenen Daten statistisch gesehen mehr Bedeutung und erlauben eher die Ableitung allgemeiner Leit-u.Richtlinien, wie sie von der AWMF (Arbeitsgemeinschaft wissenschaftlicher medizinischer Fachgesellschaften,1998) zur Verbesserung der Qualitätssicherung im Gesundheitsbereich veröffentlicht werden. Die vorliegende naturalistische Untersuchung soll deswegen bisher fehlende empirische Daten erheben und prüfen, ob und wann verhaltenstherapeutische Langzeittherapie bei der Behandlung depressiver Erkrankungen indiziert ist. Deswegen folgende Fragestellung:

> *B) Ist verhaltenstherapeutische Langzeittherapie unter den Praxisbedingungen niedergelassener Therapeuten bei der Behandlung depressiver Erkrankungen indiziert ?*

2.4 Hypothesen

Zu o.g. Fragestellungen der Untersuchung wurden folgende Hypothesen gebildet

Hypothese ad A)

> *Verhaltenstherapeutische Langzeittherapie hat einen positiven Zeiteffekt in Bezug auf Veränderung im Symptombereich, im interpersonalen Bereich sowie im Erleben und Verhalten*

Hypothese ad A1)

> *Patienten, die verhaltenstherapeutische Langzeittherapie suchen bzw. ihr zugewiesen werden, sind mit tiefenpsychologisch/ analytisch behandelten Patienten zu Behandlungsbeginn vergleichbar in Bezug auf wesentliche soziodemographische Merkmale und in Bezug auf Symptomschwere, interpersonale Problematik und Parametern der Krankheitsschwere*

Diese Hypothese soll gelten unter Berücksichtigung der geschilderten Einschränkung der Felddaten und entspricht der implizit geäußerten Annahme vieler Therapieforscher, die in experimentellen/quasi-experimentellen Untersuchungen Therapieverfahren miteinander verglichen und schlußfolgerten, daß ihre Ergebnisse auf die alltägliche therapeutische Realität, also dem „Feld", übertragbar seien.

Hypothese ad A2)

> *Es gibt wesentliche Unterschiede in Verlauf und Wirkung von verhaltenstherapeutischen Langzeittherapien gegenüber Verlauf und Wirkung von tiefenpsychologisch/analytisch orientierten Langzeittherapien.*

Hypothese ad B)

> *Verhaltenstherapeutische Langzeittherapie unter den Praxisbedingungen niedergelassener Therapeuten ist indiziert bei der Behandlung depressiver Erkrankungen*

3.   Darstellung des Forschungsstandes

3.1   Allgemeines zum Thema: Verhaltenstherapeutische Langzeittherapie

Die empirische Erforschung von Langzeittherapien ist allgemein bisher nur in geringem Umfang erfolgt. Dies ist im Falle der Verhaltenstherapie verständlich durch die theoretische Kon-
zeption als Kurzzeittherapie, mit der Folge sehr gut dokumentierter empirischer Wirksamkeit
verhaltenstherapeutischer Kurzzeitherapien für eine Vielzahl von psychischen Problemen
(s.hierzu auch die Zusammenfassungen bei GRAWE et.al (1994) und die Übersicht zum empirischen Forschungsstand von HOLLON u.BECK im „Handbook of Psychotherapy and Behavior Change", BERGIN u.GARFIELD

(1994)). Wenn aber in der Praxis ca.ein

Drittel der im Rahmen Kassenärztlicher

Versorgung durchgeführten verhal-

tenstherapeutischen Behandlungen

Langzeittherapien sind, wie aus den

Zahlen der Kassenärztlichen Bundes-

vereinigung (s.Kasten) für das Jahr

Behandlungen Verhaltenstherapie im Jahr 1996	
Insgesamt	102.337
Kurzzeit	73.054
Langzeit	**29.283**
Quelle: Kassenärztliche Bundesvereinigung (KBV), zitiert nach SCHMUTTERER (1997)	

1996 hervorgeht, stellt sich die Frage nach empirischer Begründung dieses psychotherapeutischen Behandlungsverfahrens von selbst.

Während in der empirisch-psychoanalytischen Forschung v.a.in den letzten Jahren gezielt Untersuchungen angeschoben wurden zur Legitimation tiefenpsychologischer/analytischer Lang-
zietttherapien, wie BROCKMANN (2000) in einer Übersicht dokumentiert, finden sich für den
Bereich der Verhaltenstherapie auch bei gründlicher Recherche in Bibliotheken, Katalogen und
Datenbanken nur einige wenige Untersuchungen zu diesem Thema, von denen wiederum keine
erkennen läßt, daß ein spezifisches Forschungsinteresse an Verlauf und Wirkung verhaltenstherapeutischer Langzeittherapie bestand. Es ist bisher kein „forschungspolitischer Wille" erkennbar, der eine Erweiterung des Forschungsspektrums um eben diesen Bereich erkennen ließe.

Als anerkanntes Richtlinienverfahren innerhalb der Kassenärztlichen Versorgung ist es in Zei-
ten knapper Mittel aber auch für die Verhaltenstherapie wichtig, die Notwendigkeit verhaltenstherapeutischer Langzeittherapie nicht nur durch entsprechende Zahlen „de facto"
(s.Kasten) bestätigt zu sehen, sondern sich um klinisch-empirische Bestätigung zu bemühen.
Eben dies ist u.a.das Thema dieser Arbeit.

Die im folgendem zitierten Studien mußten mindestens folgende Bedingungen erfüllen:

- Mindestens eine der beforschten Therapien mußte erkennbar dem verhaltenstherapeutischen Spektrum zuzuordnen sein

- Die Behandlungen durften nicht wesentlich kürzer als 40 Therapiestunden sein

- Die behandelten Patienten waren nicht akut psychotisch oder von psychotropen Substanzen abhängig (Medikamente, Alkohol etc.)

Alle hier referierten Studien sind „Kontrollierte Studien" bzw. Studien mit Vergleichsgruppen. Diese erheben die Daten prospektiv. Sie gewinnen Daten behandlungsbegleitend, von der Indikationsstellung, über den Behandlungsverlauf, das Behandlungsende und vielfach zu einem Katamnese-Zeitpunkt. Aus den Daten werden prä-post-Werte errechnet. Neben der Untersuchungsgruppe erfordert das Design eine Vergleichsgruppe (alternative Behandlung) oder eine Kontrollgruppe (keine Behandlung oder unspezifische Behandlung). Bei möglichst gleichen Anfangsdaten werden die weiteren Daten und Effekte der Gruppen miteinander verglichen, um spezifische Effekte der zu erforschenden Behandlung nachzuweisen. Im Gegensatz hierzu erheben „Katamnese-Studien" die Daten retrospektiv. Durch die größeren Möglichkeiten der Verfälschung von Daten (Erhebung von zurückliegenden Daten, selektive Datenauswahl) sind „Katamnese-Studien" weniger überzeugend im Hinblick auf Nachweis von Wirkungen und Wirksamkeit einer Behandlungsform.

SD:	Studiendesign
TF:	Therapieformen
DuB:	Diagnosen und Behandlungseinrichtung
TK:	Therapeutische Kompetenz
MI:	Einsatz von Meßinstrumenten

Hier die Zusammenstellung der gefundenen Studien, die den o.g.Kriterien entsprachen. Als Übersichtshilfe werden wichtige Informationen der Studien gerafft dargestellt (s.Kasten).

3.1.1 Studie von GELDER et al.: Desensitization and Psychotherapy in the Treatment of Phobic States: A Controlled Inquiry

In dieser frühen prospektiven Studie von GELDER (1967) wurden 16 Patienten mit einer Verhaltenstherapie behandelt. Die Verhaltenstherapie baute auf dem Vorgehen der Desensibilisierung nach Wolpe und einem assertiven Training auf. Vier der fünf Verhaltenstherapeuten hatten keine vorhergehende Erfahrung mit Verhaltenstherapie. Diese Behandlungsgruppe wurde verglichen mit 16 Patienten einer Gruppentherapie und 10 Patienten, die mit Einzeltherapie behandelt wurden. Diese Therapien

SD:	Vergleichsgruppendesign
TF:	VT einzeln f.9 Monate (1 Std. p.W.); PA orientiert einzeln f.1 Jahr (1 Std.p.W.); PA orientierte Grp-Therapie (1,5 Jahre)
DuB:	(soziale) Phobien/ Psychiatrische Klinikambulanz
TK:	Die Verhaltenstherapeuten verfügten über wenig klinische Erfahrung
MI:	Vorwiegend eigene Ratingskalen

orientierten sich an psychoanalytischen/pychodynamischen Prinzipien. Diese Therapeuten hatten alle klinische und therapeutische Vorerfahrung. Die Patienten hatten sich in der Ambulanz der Psychiatrischen Klinik gemeldet und hatten alle eine phobische Symptomatik. Sie wurden „gematched" den einzelnen Behandlungen zugeteilt. Die verhaltenstherapeutische Behandlung dauerte 9 Monate, die psychoanalytisch-orientierte Einzelbehandlung ein Jahr (beide jeweils 1 Std.pro Woche) , die Gruppenbehandlung 1 ½ Jahre (1 ½ Std.pro Woche). Daten wurden erhoben zu Beginn der Behandlung, Symptomeinschätzungen dann alle 6 Wochen, weitergehende Daten alle 6 Monate bis zum 1 ½-Jahreszeitpunkt. Ein „Follow-up"-Interview wurde 2 Jahre nach Behandlungsbeginn durchgeführt. Daten wurden erhoben aus 3-facher Perspektive: der Patienten-Sicht, der Therapeuten-Sicht und der Sicht eines unabhängigen psychiatrisch geschulten Sozialarbeiters, der zu Behandlungsbeginn und zum „Follow-up"-Zeitpunkt (2 Jahre) mit den Patienten ein Interview hatte. Zusätzlich wurde zu einigen Zeitpunkten die Einschätzung eines zweiten Arztes herangezogen, sowie bei der Mehrzahl der Patienten die Einschätzung von einem nahen Angehörigen zum „Follow-up"-Zeitpunkt.

Wesentliche Ergebnisse der Untersuchung:

- Aus allen 3 Perspektiven ergab sich, daß die verhaltenstherapeutische Behandlung bei den Patienten zu den deutlichsten Symptomreduktionen führte, sowohl nach den Einschätzungen am Ende der Behandlung, als auch zum „Follow-up"-Zeitpunkt.

- Die Symptome, besonders die phobischen Symptome, besserten sich schneller bei den Patienten in verhaltenstherapeutischer Behandlung. Nur zwei Patienten verloren ihre Symptome ganz. Beide gehörten dem verhaltenstherapeutischen Behandlungssetting an. In der „Follow-up"-Untersuchung ist der Grad der Besserung tendenziell noch größer bei den mit Verhaltenstherapie behandelten Patienten gegenüber den beiden anderen Behandlungsgruppen, aber zu diesem Zeitpunkt sind die Unterschiede statistisch nicht mehr signifikant: Die beiden anderen Behandlungsgruppe haben „aufgeholt". Es gab keine Evidenz für eine „Symptom-Verschiebung", obwohl die Untersucher danach explizit forschten.

- Die Ratings der sozialen Fähigkeiten bzw. Einschränkungen waren weniger sensitiv und reliabel als die Symptom-Ratings. Eine deutliche Besserung in den Bereichen Arbeit und Freizeit ergab sich bei der verhaltenstherapeutischen Behandlungsgruppe. Eine Besserung in diesen Bereichen trat bei den Patienten mit verhaltenstherapeutischer Behandlung erst auf, nachdem die Symptome sich gebessert hatten, bei den Gruppentherapie-Patienten gab es aber auch Besserungen in diesem Bereich ohne Symptombesserungen.

- Mit Hilfe weiterer Datenanalyse wurde versucht, die Patienten, die nicht von der verhaltenstherapeutischen Behandlung profitieren konnten, u.a. anhand der Symptomatik und von Persönlichkeitszügen zu identifizieren.

Die differenzierte Diskussion der Ergebnisse führt die Autoren zu der Schlußfolgerung:

> „*Desensitization and psychotherapy* (→ psychoanalytisch/psychodynamisch orientierte Psychotherapie) *can each contribute in different ways to the treatment of phobic patients, neither can be relied on for all patients, and some patients may need both*"
>
> (GELDER et.al.,1967, S. 72).

3.1.2 Studie von SOOKMAN u. SOLYOM: The effectiveness of four behaviour therapies in the treatment of obsessive neurosis

In dieser Vergleichsstudie von 1977 verglichen SOOK-
MAN u. SOLYOM die Wirksamkeit von 4 verhaltenstherapeutischen Methoden (Aversionsabbruch, Reizüberflutung, Gedankenstop, Gedankenstop und systematische
Desensibilisierung) bei der Behandlung von Zwängen.
Insgesamt 33 Patienten wurden auf 4 Gruppen à 8 (eine
mit 9) verteilt, möglichst parallelisiert nach Alter, Ge-
schlecht, Bildung und Dauer der Beschwerden. Jeder
Patient erhielt einzeln 50 Behandlungsstunden (2x p.W.);

SD:	Vergleichsgruppendesign
TF:	4 Therapiegrp.: Aversionsab-bruch, Reizüberflutung, Gedankenstop, Gedankenstop u.syst. Desensibilisierung; alle 2x p.W.für 25 W.
DuB:	Zwänge/Institutsambulanz
TK:	keine Aussage
MI:	Eigene Ratingskalen (Eigen-u. Fremdeinschätzung) MPI, IPAT, FSS prae-/post-Messung Katamnese 6 u.12 Monate nach Therapieende

über die therapeutische Kompetenz der Behandler wird keine Aussage gemacht. Vor und nach
der Therapiephase wurde eine diagnostische Abklärung durchgeführt (Selbst-u.Fremdein-
schätzung der Patienten; Tests wie MPI, IPAT und FSS). 6 und 12 Monate nach Therapieende
wurde eine Katamnese durchgeführt.

Hauptaussagen:

• Die überprüften Therapiemethoden erwiesen sich unterschiedlich wirksam auf insgesamt
unbefriedigendem Niveau. „Reizüberflutung" war relativ erfolgreich, während „Aversionsabbruch" so gut wie keine Veränderung der Problematik bewirkte. Die beobachteten Effekte blieben auch in der Katamnesephase bestehen.

• Auch ein verhältnismäßig erfolgreiches Verfahren wie „Reizüberflutung" hatte keine Breit-
bandwirkung, sondern minderte immer nur einzelne Facetten der Gesamtproblematik
zwanghafter Verhaltensweisen. Assoziierte Verhaltensprobleme wie Ängste oder soziale
Isolation profitierten nicht signifikant von der Behandlung.

Die Conclusio der Untersuchung ist, daß bei der Therapie von Zwangsstörungen ein nicht näher spezifiziertes, aber möglichst „breitgefächertes Spektrum" therapeutischer Methoden zur
Minderung der Haupt-u.Nebenbeschwerden der Problematik Anwendung finden sollte.

3.1.3 Studie von WEDEL u. GRAWE: Die differentiellen Effekte eines standardisierten Assertiveness-Trainings in Gruppen bei neurotisch gehemmten psychiatrischen Patienten

In dieser von WEDEL u.GRAWE (1980) vorgelegten Studie sollte die generelle Wirksamkeit des „Assertive Training Programs" (ATP) nach ULLRICH de MUYNCK u. ULLRICH (1976) unter Berücksichtigung qualitativer und differentieller Therapieeffekte überprüft werden. Die Stichprobe setzte sich zusammen aus mehreren Behandlungsgruppen (Gesamt-N = 61) und einer Kontrollgruppe (Wartegruppe, N = 25), jeweils zusammengesetzt aus stationären Patienten einer Psychiatrischen Klinik. Die Zuweisung in die Gruppen erfolgte semi-zufällig, d.h.der

SD:	Kontrollgruppendesign
TF:	ATP (Assertive Training Program) in Grp., 40 Sitzungen à 1,5 Std in ca.9 W.; Kontrollgrp. (Warteliste)
DuB:	Viele Diagnosen → „gehemmte Neurotiker"/ stationär Psychiatrische Kl.
TK:	Erfahrene Verhaltenstherapeuten
MI:	Unsicherheits-FB, Symptomskalen EMI, FPI, GT prae-/post-Messung Katamnese im ∅ 27 Monate nach Therapieende

„naturalistische" Einfluß einer psychiatrischen Versorgungseinrichtung wie die vorrangige Behandlung eines besonders gestörten und niedergeschlagenen Patienten blieb (natürlich) bestehen. Insgesamt wurden für die Patienten der Behandlungs-u.Kontrollgruppe 146 Diagnosen gestellt und unter der Sammeldiagnose schwer gestörter „gehemmter Neurotiker" zusammengefaßt. Der Schwerpunkt der Behandlung entsprach dem Konzept des ATP, das nach einer kurzen Einführungsphase die Erprobung und schließlich Durchführung ausgesuchter Verhaltensübungen in realiter vorsieht. Die Behandlungsgruppen wurden von 3 Therapeuten geleitet, die alle über klinische Erfahrung in der Durchführung des ATP verfügten. Jede Behandlungsgruppe durchlief insgesamt 40 Grp.-Sitzungen à 1,5 Stunden in einem Zeitraum von 9 Wochen. Die Patienten der Behandlungs-/Kontrollgruppe wurden prae/post mit diversen Instrumenten (Unsicherheitsfragebogen, Symptomskalen, EMI, FPI, GT) getestet, im Durchschnitt 27 Monate nach Therapieende wurde ein umfangreiches Katamnese-Interview mit Testwiederholung durchgeführt.

Die wesentlichen Ergebnisse und Schlußfolgerungen der Autoren waren:

- Nach Durchführung des ATP in Gruppen berichteten viele Patienten bei der Wiederbewertung ihrer Situation (post-Testung) über mehr Sicherheit in sozialen Beziehungen, weniger Angst vor Kritik und eigenem Versagen, mehr Kontakt-u.Konfliktfähigkeit, weniger Angst vor Kränkung und gestiegene Unabhängigkeit von gesellschaftlichen Normen.

- ATP wirkt sich nicht nur signifikant auf die typischen Erfolgsvariablen aus, sondert führt oft auch zu einer Verbesserung der allgemeinen Befindlichkeit und zur Weiterentwicklung relevanter Persönlichkeitsmerkmale.

- (In einer ergänzenden Studie berichten GRAWE et.al (1980), daß die beschriebenen Effekte auch katamnestisch weiterbestehen.)

- ATP entfaltet seine positive Wirkung selektiv, denn 60 % der beforschten Patienten profitieren von der Behandlung, 40 % wenig oder gar nicht (hohe Standardabweichung).

- Die Autoren schließen aus den Ergebnissen auf die differentielle Wirkung des ATP bei der Behandlung von „gehemmten Neurotikern" im beschriebenen Setting, bei dem sich Erfolg oder Mißerfolg schon früh anbahnen.

Kritisches Element in dieser sehr kompakten, umfassend dokumentierten Untersuchung ist die vergleichsweise geringe interne Validität, wie GRAWE et.al.(1994) selbst in einer späteren Einschätzung feststellen.

3.1.4 Studie von STEUER et. al.: Cognitive-behavioral and Psychodynamic Group Psychotherapy in Treatment of Geriatric Depression

STEUER et al. (1984) untersuchten in einem Vergleichsgruppendesign (2x2 Gruppen) im Durchschnitt 66-jährige Patienten mit der Diagnose „Major Depression" vor dem Hintergrund folgender Fragestellung:

SD:	Vergleichsgruppendesign
TF:	Kognitive VT nach BECK; Psychodynamische Therapie nach McCARLEY; 2 x 2 Gruppen mit insgesamt bis zu 46 Sitzungen
DuB:	Major Depression / Projekträume
TK:	unterschiedlich erfahren (5 von 8 Studenten)
MI:	Eingangsinterview; HAMD, HAMA (Fremdeinschätzung), SPS, BDI (Selbsteinschätzung); während der Behandlungsphase alle 4 Wochen Re-Test

1. Reagieren depressive, ältere Patienten positiv auf die Applikation von Gruppentherapie ?
2. Wenn ja, gibt es differentielle Unterschiede zwischen der kognitiv-behavioralen bzw.psychodynamischen Behandlungsform ?

Die Patienten hatten sich auf entsprechende Aufrufe der Autoren in Zeitung und Radio gemeldet oder erhielten eine ärztliche Empfehlung. Die für die Studie in Frage kommenden Patienten wurden zu Beginn interviewt und klinisch getestet

(HAMD, HAMA; SPS, BDI); während der Therapiephase wurden alle 4 Wochen ein neues Interview und ein Re-Test durchgeführt. Die Autoren bezeichnen die ausgewählten Patienten als „repräsentativ für ältere weiße US-Amerikaner". Schließlich wurden 33 Patienten möglichst gleichmäßig 4 Behandlungsgruppen zugeordnet, auf eine Kontrollgruppe wurde aus methodischen und ethischen Gründen verzichtet. Während der Behandlung wurden zunächst häufiger, dann seltener Gruppensitzungen durchgeführt (insgesamt wurden 46 Termine angeboten); die Sitzungen wurden nach einem erstellten Manual teils von erfahrenen Therapeuten, aber auch von unerfahrenen Studenten durchgeführt. Während der Therapie schieden 13 Patienten aus, die aber weiterhin getestet wurden.

Ergebnisdarstellung:

• Diejenigen Patienten, die die Gruppentherapie beendeten, profitierten signifikant von der Behandlung, unabhängig von der Behandlungsform. „Drop-outs" erlebten keine spürbare Verbesserung der Problematik.

• Bei einer Feinanalyse der Daten zeigten sich die kognitiv behandelten den psychodynamisch behandelten Patienten nur in einem Meßinstrument überlegen (BDI). Dies könnte auch ein Effekt der großen inhaltlichen Nähe der BDI-Items und dem Fokus einer kognitiven Verhaltenstherapie sein.

Die Autoren diskutieren ihre Studie kontrovers und verweisen auch auf Mängel wie fehlende Kontrollgruppe, hohe „drop-out" Rate und das Problem der „non-improvers".

3.1.5 Studie von LINEHAN et al.: Cognitive-behavioral treatment of chronically parasuicidal borderline patients

Inhalt dieser von LINEHAN et al.(1991) konzipierten Verlaufsstudie ist ein Vergleich zwischen zwei randomisierten Gruppen von Borderline-Patientinnen, von denen die eine (N = 24) mit dialektisch-behavioraler Therapie (DBT) und die andere (N = 23) mit „üblicher Therapie" für jeweils ein Jahr behandelt wurde. Unter DBT ist das von LINEHAN (1996) entwickelte Konzept zur Behandlung von Borderline-Patienten zu ver-

SD:	Vergleichsgruppendesign
TF:	DBT (dialektisch-behaviorale Therapie) und „übliche Therapie" für jeweils ein Jahr
DuB:	Borderline-Patientinnen/ Institutsambulanz
TK:	DBT-Therapeuten deutlich erfahrener
MI:	Diagnostik alle 4 Monate während der Therapie; Interview nach Therapieende Follow-up-Interviews nach 6 und 12 Monaten

stehen. Es beinhaltet Einzel-u. Gruppentherapie mit verschiedenen thematischen Schwerpunkten. CRITS-CHRISTOPH et al. (2000) schätzen DBT weniger als klassisch kognitiv-behaviorales, sondern eher als „eklektisches" Verfahren ein. Während der Therapie wurde alle 4 Monate eine Diagnostikphase durchgeführt, ein Interviewer schätzte die Patientinnen nach Therapieende ein und 6 bzw. 12 Monate nach Therapieende wurde ein Follow-up Interview durchgeführt.

Die wesentlichen Ergebnisse der Studie waren:

- Die DBT-Gruppe zeigte während der Therapiephase signifikant weniger suizidale Tendenz und Handlungen als die Kontrollgruppe, ebenso reduzierte sich die Häufigkeit stationärer Aufenthalte. Dieser Effekt ließ sich mindestens bis 6 Monate nach Therapieende feststellen.

- Die Abbruchquote innerhalb der DBT-Gruppe war deutlich geringer als in der Kontroll-gruppe (16,7 % zu 58,3 %)

Allerdings wurde kein Unterschied zwischen den Behandlungsgruppen gefunden hinsichtlich solch wichtiger Aspekte wie Depression, Hoffnungslosigkeit und suizidaler Gedanken. Die Aussagekraft der Studie wird dadurch eingeschränkt, daß 27 % der Patienten aus der Kontrollgruppe keine Therapie begannen, obwohl sie bereits einem Therapeuten zugewiesen waren. Zweifelhaft auch der Grad therapeutischer Gesamtkompetenz: Die Therapeuten der Kontrollgruppe verfügten über deutlich weniger Erfahrung als die Therapeuten der DBT-Gruppe.

*****

Folgende Untersuchungen und Studien wurden nicht berücksichtigt, da sie zwar ihre Daten aus einem naturalistischen Forschungsdesign bezogen und auch eine große Anzahl von Psychotherapien untersuchten, aber die Ergebnisse lassen aufgrund des Untersuchungsdesigns nur Schlüsse über die Wirksamkeit von Psychotherapien im allgemeinen zu und nicht über die spezifische Wirkung von verhaltenstherapeutischer Langzeitbehandlung. Der Schwerpunkt dieser Untersuchungen liegt ferner auch nicht in der Suche nach differentiellen Effekten, sondern in einer repräsentativen Erhebung der Rahmenbedingungen von Psychotherapie und der allgemeinen Wirksamkeit von Psychotherapie im ambulanten Versorgungsbereich.

- v.ASTER :   Behavior Therapy in Practice: Evaluation of 633 Case Reports (1990),
  berichtet sehr allgemein über die Durchführung von Verhaltenstherapie
  in verschiedenen Institutionen

- SCHEIDT et.al.: Basisdaten zur Qualitätssicherung in der ambulanten Psychotherapie.
  Teil 1(1998) und 2 (1999),
  verhaltenstherapeutischen Therapien kommen in diesen Untersuchungen
  nur in verschwindend geringer Zahl vor

- Consumer Reports: Consumer Reports Studie (1995)
  und die dazugehörige Fachpublikation von SELIGMAN (1995):

Die „Consumers Reports Studie" wurde durchgeführt im Auftrag der „Consumers Union",
einer unabhängigen Verbraucherorganisation in den USA mit der regelmäßig erscheinenden
Zeitschrift „Consumers Reports". Es wurde eine Befragung zur Kundenzufriedenheit mit
dem Produkt Psychotherapie durchgeführt. Die Projektberatung hatte M.SELIGMAN inne,
der über die Studie auch eine Fachpublikation (1995) veröffentlichte. In der Studie werden
Therapiepatienten (N = 2.900) rückwirkend mit einem Fragebogen über ihre Psychotherapie
befragt. SELIGMAN (1995) hebt den wegweisenden Charakter der Studie durch sein naturalistisches Design hervor, versucht zu zeigen, daß Psychotherapie effektiv hilft und längere
Therapien (d.h.Therapien in einer Länge von über einen Monat) mehr Besserung bringen als
kurze. Eine unterschiedliche Wirkung der verschiedenen Therapierichtungen (Kategorien
der Untersuchung: psychoanalytisch/psychodynamisch, behavioral, kognitiv, feministisch,
andere, unsicher) konnte nicht festgestellt werden.

3.2   Zur Entwicklung von psychotherapeutischen Leitlinien

Die zielgerichtete Entwicklung von Leitlinien bzw.Richtlinien in der BRD zur Verbesserung
der Qualitätssicherung im Gesundheitsbereich datiert vom 6.Mai 1995, als die AWMF
(Arbeitsgemeinschaft wissenschaftlicher medizinischer Fachgesellschaften) entsprechend der
Bitte des Sachverständigenrates für die Konzertierte Aktion im Gesundheitswesen ihre Mit-
glieder aufforderte, in ihrem jeweiligen Fachgebiet Leitlinien zu entwickeln und zu veröffentli-
chen. Bis Herbst 1998 wurden bei der AWMF 592 Leitlinien eingereicht und im Internet publi-
ziert.

In Anlehnung an die „Clinical Practice Guidelines", aufgestellt von der AHCPR (Agency for
Health Care Policy and Research / U.S.A., 1995) definiert die AWMF eine Leitlinie folgen-
dermaßen:

> *„Leitlinien sind systematisch entwickelte Darstellungen und Empfehlungen mit*
> *dem Zweck, Ärzte und Patienten bei der Entscheidung über zweckdienliche Maß-*
> *nahmen der Krankenversorgung (Prävention, Diagnostik, Therapie und Nachsor-*
> *ge) unter spezifischen klinischen Umständen zu unterstützen. Sie geben den Stand*
> *des Wissens wieder und müssen periodisch überarbeitet werden.(....) Die Ent-*
> *scheidung darüber, ob einer*
> *bestimmten Empfehlung gefolgt*
> *werden soll, muß vom Arzt un-*
> *ter Berücksichtigung der beim*
> *individuellen Patienten vorlie-*
> *genden Gegebenheiten und der*
> *verfügbaren Ressourcen ge-*
> *troffen werden. "*

ROTH u.FONAGY (1996) bemerken dazu:
„Ideally, guidelines should be informed by
clinical consensus, to meld training and
experience with information gleaned from
research findings" (Seite 50).

nach AHCPR (1995)

Von einer Leitlinie wird Anwort auf folgenden Fragen erwartet

- Was ist notwendig ?
- Was ist in Einzelfällen nützlich ?
- Was ist überflüssig ?
- Was ist obsolet ?
- Was muß stationär behandelt werden ?
- Was kann ambulant behandelt werden ?

Über den allgemeinen Rahmen einer Leitlinie und der US-amerikanischen „Guidelines" hinaus
formulierte die AWMF verbindliche „Richtlinien" :

> *„Eine Richtlinie ist eine Handlungsregelung einer gesetzlich, berufsrechtlich,*
> *standesrechtlich oder satzungsrechtlich legitimierten Institution, die über den*
> *Rechtsraum dieser Institution verbindlich sind und deren Nichtbeachtung defi-*
> *nierte Sanktionen nach sich ziehen kann. "*

AWMF (1998)

Der zukünftige Stellenwert der Leitlinien wird dadurch verdeutlicht, daß der Bundesauschuß
der Ärzte und Krankenkassen (das höchste Gremium für die Festlegung vertragsärztlicher Leistungen) in einer Veröffentlichung vom Januar 1998 darauf hinweist, daß auch „erbrachte ver-
tragsärztliche Leistungen" (→Psychotherapie in der Kassenärztlichen Versorgung) gemäß
§ 135 Abs.1 der ständigen Überprüfung auch hinsichtlich des „Nutzens", der „Notwendigkeit"

und der „Wirtschaftlichkeit" unterliegen. Der Stand des Wissens wird geprüft nach den Kriterien der „Evidence-based-Medicine" und in den Leitlinien zusammengefaßt.

Eine geeignet Darstellung des Sachverhalts findet sich im Artikel von RUDOLF u.EICH (1999).

3.1.2 Zur Entwicklung einer Leitlinie zur Indikation von verhaltenstherapeutischer Langzeittherapie bei der Behandlung spezischer Störungen → Depression

Empirisch ist die Wirksamkeit von kognitiver Verhaltenstherapie bei Depressionen gut abgesichert. HAUTZINGER's (1998) Zusammenstellung kontrollierter Studien unterstreicht die Effizienz von KVT bei der Behandlung unipolarer Depressionen wie depressiver Episoden, Major Depression, Dysthymien und depressiven Anpassungsstörungen mit fortbestehenden Effekten bis zu 2 Jahren nach Ende der Behandlung. Für die meisten Therapien hält HAUTZINGER (1997) eine Stundenzahl von 20-30 Stunden für ausreichend. Dagegen weisen entsprechende Untersuchungen bei schwer oder bereits sehr lange unter depressiver Symptomatik leidender Patienten, eventuell noch belastet aufgrund einer gravierenden 2.Diagnose (Komorbidität) auf der Achse II des DSM-III/IV-R, auf die erhebliche Rückfallgefahr nach kurzfristigen Interventionen hin (SHEA et al.,1992). Die Dauer einer Therapie sollte deswegen von der Schwere einer Erkrankung und ihrer begleitenden Faktoren (Persönlichkeitsstörungen etc.) abhängig gemacht werden.

Verhaltenstherapeutische Langzeittherapien bei sehr schweren Krankheitsbildern werden vorgestellt und begründet bei LINEHAN (1996) und BECK et al. (1990). McGINN et al.(1995) beschreiben die erfolgreiche Langzeitbehandlung persönlichkeitsgestörter Patienten durch eine Kombination von kognitven, behavioralen und interpersonellen Techniken (SFT = „Schemafocused therapy"); außerdem geben sie detaillierte Hinweise für eine frühzeitige Indikation einer Langzeittherapie. Für den deutschen Sprachraum liefert SULZ (1997) eine umfangreiche Entscheidungshilfe bei der Differentialindikation von verhaltenstherapeutischer Kurz-u.Langzeittherapie.

Um der Antwort auf die Frage nach dem klinischen Nutzen verhaltenstherapeutischer Langzeittherapie bei depressiven Erkrankungen und angewandt unter den Bedingungen niedergelassener Therapeuten näherzukommen, sind prospektiv-naturalistische Studien wie die hier vorgelegte Arbeit erforderlich.

4.   Methodik

4.1   Allgemeine Überlegungen

Die Untersuchung orientiert sich an der Feldforschung. Ich bezeichne die Studie als „naturalistische Studie im Feld". Sie ist im sozialwissenschaftlichen Sinn eine „quantitative Feldunter-
suchung" und keine „Feldforschung". „Qualitative Feldforschung ist nicht zu verwechseln mit
quantitativen Felduntersuchungen, für die das „Feld" nur der Ort ihrer Untersuchung, nicht
jedoch das Thema ist." (BORTZ et.al., 1995, Seite 312). Die Hauptmethode der qualitativen
Feldforschung ist die teilnehmende Beobachtung. In der vorliegenden „naturalistischen Studie
im Feld" wurden die Daten im „Feld" gesucht und in Bezug auf mögliche Verallgemeinerungen
auf das gesamte Feld reflektiert.

In der Psychotherapieforschung wurde seit den 90er Jahren wiederholt naturalistische Studien
gefordert, wie sie z.B.bei LINDEN (1987) als „Phase 4"-Forschung beschrieben wird. Naturalistische Studien begründen ihren Nutzen aus der Realitätsnähe, die im quasi-experimentellen
Design häufig verlorengeht. Hierzu zwei Argumente:

1. Eine „Phase 4" Forschung in der Psychotherapieforschung ist nötig.

2. Die in quasi-experimentellen Untersuchungen behandelten Patienten sind häufig
   hochselektiert.

Zum ersten Argument: Es ist anzunehmen, daß relevante Unterschiede in der Anwendung von
Interventionen und Therapieverfahren bestehen, je nachdem ob sie einerseits im Rahmen einer
wissenschaftlichen Studie oder andererseits im Rahmen der Alltagspraxis (Routineversorgung)
angewandt werden. In der Erforschung von Medikamenten kennt man 4 Phasen: Nach Erprobung z. B.an Tieren (Phase 1) und der Einzelfallstudie an Menschen (Phase 2), wird versucht in
einer Studie mit mehreren Patienten die Effektivität statistisch abzusichern, z.B.in einer Dop-
pelblindstudie (Phase 3). Danach schließt sich eine 4.Phase an, in der die Effektivität eines Me-
dikaments überprüft wird, wenn es in der (ambulanten) Praxis bzw. Routineversorgung ver-
wandt wird (LINDEN, 1987). Um diesen weiteren Schritt hat sich die wissenschaftliche Psychotherapieforschung bisher wenig gekümmert (RIEF, 1994). Die hier vorgelegte Studie kann
als „Phase 4"-Forschung angesehen werden. Sie untersucht in freien Praxen therapeutische
Routinebehandlungen unter naturalistischen Rahmenbedingungen.

Zum zweiten Argument: In quasi-experimentellen Untersuchungen wird die Selektion der Patienten häufig nicht angegeben, aber sie hat einen erheblichen Einfluß auf die Ergebnisse. Beispiele von Untersuchungen, bei denen in der Erhebungsphase über 300 Personen einbezogen wurden, von denen schließlich weniger als 30 Personen in die Psychotherapiestudie aufgenommen wurden, sind keine Seltenheit. Ferner gilt zu beachten, daß sich die Patienten, die solche Untersuchungsprozeduren über sich ergehen lassen, von denen, die sich dagegen wehren oder diese Institution meiden, von ihrer Bildung, dem sozialen Status und ihrer Persönlichkeit möglicherweise erheblich unterscheiden.

Daß im freien Feld erhobene Daten zu anderen Ergebnissen führen, als die im quasi-experimentellen Design gefundenen Ergebnisse, legt die vielbeachtete „Consumers-Report-Studie" (Consumers Report 1995, s.a.Kapitel 3.1, Seite 21) nahe. Hier werden Daten aus Sicht der „Konsumenten" (d.h.hier der ehemaligen Patienten) erhoben: Über das psychotherapeutische Angebot, die Beurteilung der Wirksamkeit, die Zufriedenheit mit der Behandlung und andere. Der diese Studie begleitende Therapieforscher M.SELIGMAN ist von der wissenschaftlichen und praktischen Relevanz der Studie überzeugt und fordert weitere derartige Studien (SELIGMAN, 1995).

4.2 Datenerhebung im Feld: Der Versuchsplan

Eine Datenerhebungsphase von 3,5 Jahren mit vier Befragungszeitpunkten wurde gewählt als Kompromiß zwischen notwendiger empirischer Substanz und den Grenzen persönlicher Belastbarkeit. Aufgrund des naturalistischen Designs wurde der letzte Patient erst 27 Monate nach dem ersten in die Untersuchung aufgenommen, so daß die Datenerhebungsphase insgesamt 69 Monate (42+27 Monate, entspricht 5 ¾ Jahren) dauerte.

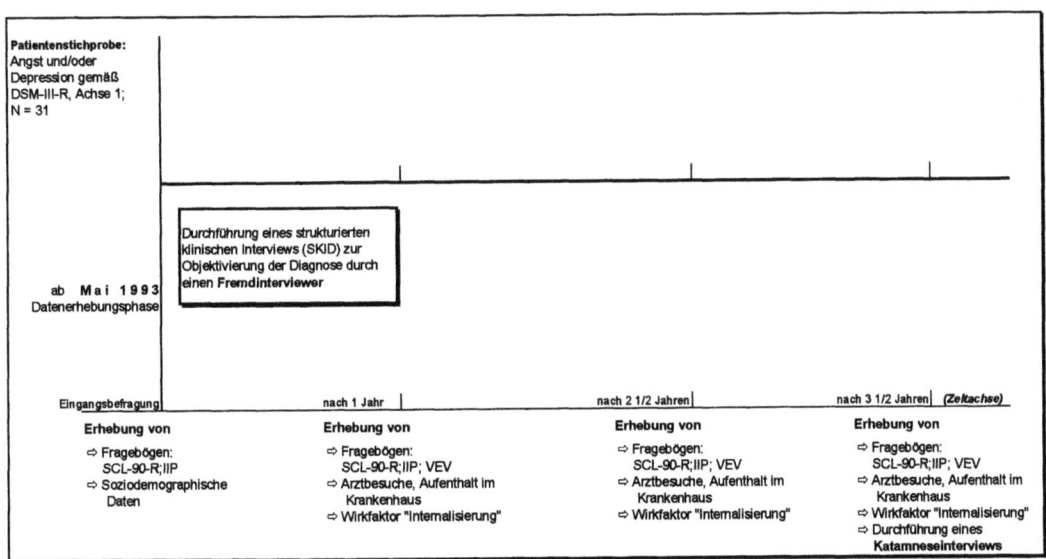

Abb.1 Versuchsplan

4.3   Untersuchungsinstrumente

4.3.1   Strukturiertes klinisches Interview für DSM-III-R (SKID-I)

Das SKID-I (WITTCHEN et.al., 1990) dient der Erfassung und Diagnostik von psychischen
Störungen, wie sie im DSM-III-R auf Achse I definiert werden. Außerdem werden Codie-
rungsmöglichkeiten für die Beurteilung von Achse III (körperliche Störung) und Achse V
(psychosoziales Funktionsniveau) angeboten. Die Durchführung des Interviews bedarf einer
klinischen Vorerfahrung und einer Schulung, die am Max-Planck-Institut in München angeboten wird. Die verhaltenstherapeutisch behandelten Patienten wurden zur Hälfte von einer klinisch erfahrenen Diplom-Psychologin mit entsprechendem Training in der Durchführung des
SKID-I befragt, die andere Hälfte von einem sowohl mit der Durchführung diese Interviews
vertrauten als auch klinisch erfahrenen Diplom-Psychologen. Die Diagnosekriterien des heute
gültigen DSM-IV bezogen auf die Diagnosen der Achse I unterscheiden sich nur unwesentlich
von den hier noch angewandten DSM-III-R-Kriterien.

4.3.2   SCL-90-R: Die Symptom-Check-Liste von DEROGATIS (1977)
          (Deutsche Version von FRANKE)

Die SCL-90-R (FRANKE, 1995) ist ein standardisiertes Erhebungsinstrument zur Selbstein-
schätzung von Beeinträchtigungen durch körperliche und psychische Symptome innerhalb der
letzten 7 Tage. Die 90 Items der neun Skalen beschreiben die Bereiche „Somatisierung",
„Zwanghaftigkeit", „Unsicherheit im sozialen Kontakt", „Depressivität", „Ängstlichkeit",
„Agressivität/Feindseligkeit", „Phobische Angst", „Paranoides Denken" und „Psychotizismus".
Der Gesamtindex GSI mißt die grundsätzliche psychische Belastung.

Zuverlässigkeit: Die interne Konsistenz der einzelnen Skalen liegen für klinische Stichproben
zwischen r = .79 und r = .89. Die Retest-Reliabilität ist gut.

Gültigkeit: Den Items kann „face validity" zugesprochen werden.

Normen: Anhand der von FRANKE (1992) erhobenen Normstichproben (N = 1006) können
geschlechts- und bildungsabhängige T-Werte gebildet werden. Die SCL-90-R gehört zu den
international am häufigsten eingesetzten standardisierten Meßinstrumente zur Erfassung psy-
chischer Störungen. Es existieren deshalb viele Referenzdaten. Der Test gehört auch zu den
Skalen, die von nahezu allen Therapieforschern als Instrument in einer Kernbatterie zur Qualitätssicherung vorgeschlagen wurden.

4.3.3. IIP-D: Inventar zur Erfassung interpersonaler Probleme (Deutsche Version)

Das IIP-D (HOROWITZ et al., 1994) ist ein standardisiertes Erhebungsinstrument zur Selbsteinschätzung interpersonaler Probleme. Es erfragt Verhaltensweisen, die dem Patienten schwerfallen oder die er im Übermaß hat. Theoretisch orientiert sich das Verfahren an interpersonalen Persönlichkeitsmodellen. Die Auswertung der 64 Items (Kurzversion des Fragebogens) erfolgt über 8 Skalen und einen Gesamtwert, der als Gesamtwert der interpersonalen Problematik angesehen wird. Es können für die 8 Skalen ipsative Werte gebildet werden. Die Berechnung ipsativer Werte entspricht der Theorie des zugrundeliegenden Persönlichkeitsmodells.

Zuverlässigkeit: Die Retest-Reliabilität liegt zwischen $r = .81$ und $r = .90$.

Gültigkeit: Es liegen Validierungsstudien vor. Die Beziehung zu theoretischen Modellen und klinischen Merkmalen wie Bindungsstilen verleiht dem Instrument konzeptuelle Validität.

Normen: Liegen u.a.für Studenten ($N = 461$) vor. Es existieren bereits gute Referenzdaten. Das Instrument wird in der Therapieforschung häufig eingesetzt und ist in Anwendung seit 1994. Das relativ neue Instrument IIP-D wurde für diese Arbeit über Prof. J.Eckert vor der deutschen Veröffentlichung (HOROWITZ et.al.,1994) zur Verfügung gestellt, so daß es bereits zu Beginn der Datenerhebung 1993 einsetzbar war.

4.3.4 VEV: Veränderungsfragebogen des Erlebens und Verhaltens

Der VEV (ZIELKE et al., 1978) ist ein Fragebogen, der für die Veränderungen in Psychotherapien entwickelt wurde und auf dem Veränderungsmodell der klientenzentrierten Gesprächspsychotherapie basiert. Der Fragebogen enthält 42 Veränderungsaussagen zu den Bereichen Entspannung/Gelassenheit/Optimismus vs. Spannung/Unsicherheit/ Pessimismus. Der VEV ist ein eindimensionales Meßinstrument. Aus allen 42 Items wird ein Gesamtwert gebildet.

Zuverlässigkeit: Die Retest-Reliabilität ist $r = .61$. Der Wert ist nicht hoch, zu berücksichtigen ist aber, daß bei einer Veränderungsmessung die Veränderung des gemessenen Merkmals die Implikation ist.

Gültigkeit: Die Items haben konzeptuelle Validität. Validitätsuntersuchungen liegen vor (ZIELKE et al., 1978). Die Untersuchungen zeigen u.a., daß bei unbehandelten klinischen Stichproben Null-Veränderungen erzielt wurden. Bei dem Einsatz des VEV in einer epidemiologischen Studie ergaben sich jedoch auch signifikante Veränderungen bei gesunden ohne therapeutische Behandlung (SCHEPANK, 1990, Seite 141).

Normen: Die Autoren geben Veränderungs-
werte an, die erreicht werden müssen, um eine
Veränderung als signifikant anzusehen.

Der VEV ist ein im deutschsprachigen Raum in
der Psychotherapieforschung häufig verwen-
detes Instrument. Er wird vielfach eingesetzt
zum Nachweis von Therapiewirksamkeit.

> Kritische Anmerkungen zur Durchführung des
> VEV aus Sicht des Autors:
>
> Einige Patienten hatten erhebliche Schwierigkeiten
> mit den häufigen „Richtungswechseln" der VEV
> Items. Aufgrund der Formulierung mancher Items
> ist es nötig, einen **negativen** Wert anzugeben um
> eine **positive** Veränderung auszudrücken. Von
> dieser Besonderheit waren manche Patienten
> überfordert und reagierten mit Auslassungen oder
> Positionseffekten, die die Ergebnisse des VEV
> verzerren.

4.3.5 Selbsterstellter Fragebogen

In dem selbst entwickelten Fragebogen geben die Patienten u. a. Auskunft über:

- Anzahl der Arztbesuche und Krankenhaustage im letzten Jahr
- Relation von Aufwand und Nutzen bei ihrer Therapie
- Veränderungszeitpunkte
- Art des Therapieendes (z.B.Abbruch)
- Beginn einer neuen Therapie bzw.neuer Therapiebedarf
- Priorität der Behandlungsziele aufgeteilt in 4 Kategorien
- Einschätzungen zum Wirkfaktor „Internalisierung"

Der Fragebogen übernimmt Items der zweiten modifizierten deutschen Fassung des Patienten - Fragebogens „Psychotherapy Experience in Retrospect" von STRUPP (1964), der freundlicherweise von Prof.H.Kächele zur Verfügung gestellt wurde. Zu den Items des Bereichs Bereich „Internalisierung" wurden 5 Items des „Therapeutic Representation Inventory (TRI)" von GELLER et al. (1982) hinzugefügt. Die 5 Items bestimmen den Faktor „Continuing The Therapeutic Dialogue" des TRI . Die deutsche Version der Items wurde ebenfalls freundlicherweise vorab von HARTMANN (1997) zur Verfügung gestellt

Der selbsterstellte Fragebogen mußte den unterschiedlichen Untersuchungszeitpunkten (ein Jahr, 2 ½ Jahre und 3 ½ Jahre) und den unterschiedlichen Therapieverläufen der Patienten entsprechend (Therapie beendet, Therapie länger beendet, Therapie weiter laufend) angepaßt werden. Drei Fragebögen von 8 benötigten Versionen finden sich im Anhang (S.IX).

4.3.6 Der Katamnese-Interview-Leitfaden

Der Leitfaden ist eine Selbstentwicklung, er basiert aber auf einer Reihe von Ideen und Formulierungen, die auch in anderen Katamnesefragebögen vorkommen. Hier sind wiederum zu nennen die zweite modifizierte deutschen Fassung des Patientenfragebogens „Psychotherapy Experience in Retrospect" von STRUPP (1964) und die Katamnesefragebögen der Berliner Studie (RUDOLF, 1991), die freundlicherweise von Prof. Rudolf zur Verfügung gestellt wurden. Der Katamnese-Interview-Leitfaden diente dem unabhängigen Interviewer als Leitfaden. Der Interviewer notierte die Einschätzungen der Patienten bei den einzelnen Items im Leitfaden und hielt bei offenen Fragen die Antworten fest. Wenn die Patienten einverstanden waren, wurden Tonbandaufnahmen gemacht, die als Dokumente zusätzlich vorliegen. Nach Ende des Interviews gab der Interviewer eigene Einschätzungen über Veränderungen des Patienten von Therapiebeginn bis zum Interviewzeitpunkt, der 3 ½ Jahre nach Therapiebeginn lag. Der durchführende Interviewer hatte bereits längere Erfahrung in der Durchführung von Patienteninterviews.

Das Katamneseinterview fragte schwerpunktmäßig die folgenden Bereiche ab:

- Veränderungen in den Hauptbeschwerden und in den Bereichen Beruf, Partnerschaft, Beziehungen zu anderen Menschen
- Medikamentengebrauch, Kuren, neue Therapien
- Zeitpunkte von Veränderungen in der Therapie
- Ursachen der Veränderungen aus Sicht der Patienten.

Die Einschätzungen des Interviewers nach Ende des Interviews beziehen sich auf den ge-
schätzten Anteil der Therapie an den Veränderungen des Patienten und Veränderungen des
Patienten:

- im Erleben und Verhalten

- in den zwischenmenschlichen Beziehungen

- im Symptombereich.

Der Katamnese-Interview-Leitfaden findet sich im Anhang.

4.4   Datenauswertung und Datenanalyse (für die Gesamtuntersuchung der "Frankfurt-Hamburger Langzeitpsychotherapiestudie")

Statistische Verfahren wurden gemäß dem Skalenniveau der Daten und den Voraussetzungen
der Verfahren angewandt. Parametrische Verfahren wurden bei intervallskalierten Daten und
Normalverteilung angewandt, nicht-parametrische Verfahren in den anderen Fällen. Mittelwertunterschiede zwischen Therapiebedingungen und zwischen den Meßzeitpunkten wurden
statistisch geprüft mit Hilfe von einfaktorieller Varianzanalyse (bzw. zweifaktorieller VA und
Covarianzanalyse für die Gesamtuntersuchung) und dem t-Test für abhängige und unabhängige
Stichproben. Für nicht-parametrische Daten fand die Prüfung der Mittelwertunterschiede mit
dem Wilcoxon-Paired-Rank-Test, dem Man-Whitney-U-Test und dem Kruskal-Wallis Test
statt. Der Chi-Quadrat-Test wurde für Signifikanzprüfungen von Daten auf dem Nominalska-
lenniveau herangezogen. Varianzunterschiede wurden mit dem F-Test geprüft.
Die Datenanalyse der Therapieeffekte erfolgte mittels SPSS/PC+ unter Zuhilfenahme der entsprechenden Literatur von BROSIUS u.BROSIUS (1995). Die statistischen Berechnungsver-
fahren basieren auf dem Statistiklehrbuch von BORTZ (1993).

5. Ergebnisse

5.1 Die Therapeuten-Basisdaten

Von den Therapeuten wurden zu Beginn der Behandlungen Daten mit einem Fragebogen erhoben.

Tab. 1 Therapeutenmerkmale

	Anzahl N	♀ N	♂ N	∅ ther. Berufs-erfahrung (in Jahren)	Ärzte N	Dipl.-Psych. N
VT	4	2	2	9,25	-	4

Die Therapeuten hatten alle an einem von der Bundeskassenärztlichen Vereinigung anerkannten Institut eine Ausbildung zum Verhaltenstherapeuten abgeschlossen und besaßen die Anerkennung der jeweiligen Landes-KV zur Durchführung von Verhaltenstherapie im Rahmen der Kassenärztlichen Versorgung (Delegationsverfahren). Im weiteren wurden Therapeuten nach ihrer überwiegenden therapeutischen Orientierung gefragt. Als Antwortkategorien waren vorgegeben: Verhaltenstherapie, Psychoanalyse, Gesprächstherapie und Sonstiges. Alle Verhaltenstherapeuten wählten Verhaltenstherapie.

5.1.1. Einschätzung der Therapien durch die Therapeuten

Nach Ende jeder Behandlung bzw.nach 3 ½ Jahren wurde den Therapeuten ein Fragebogen vorgelegt, in dem die jeweiligen Schwerpunkte des therapeutischen Vorgehens abgefragt wurden.

Unter „sonstiges" wurden von den Therapeuten genannt:

- gestalttherapeutisches Vorgehen (2x)
- familientherapeutisches Vorgehen (1x)
- systemisches Vorgehen (1x)
- Verhaltenshinweise (4x)
- Paargespräche (2x)

Mehrfachnennungen waren möglich.

Folgende Wahlmöglichkeiten wurden unter dem Titel „Schwerpunkte des therapeutischen Vorgehens" angeboten

- konfrontativ verhaltenstherapeutisches Vorgehen (**SP 1**)
- kognitiv verhaltenstherapeutisches Vorgehen (**SP 2**)
- rational emotives Vorgehen (**SP 3**)
- hypnotherapeutisches Vorgehen (**SP 4**)
- NLP orientiertes Vorgehen (**SP 5**)
- psychoanalytisches Vorgehen (**SP 6**)
- Bearbeitung d.Therapeuten-Patient-Beziehung (**SP 7**)
- gesprächstherapeutisches Vorgehen (**SP 8**)
- sonstige (bitte benennen)

und konnten eingeschätzt werden zwischen **0** (= **nicht**) bis **3** (= **überwiegend**).

Siehe auch unten **Abb.2** !

Schwerpunkte des therapeutischen Vorgehens

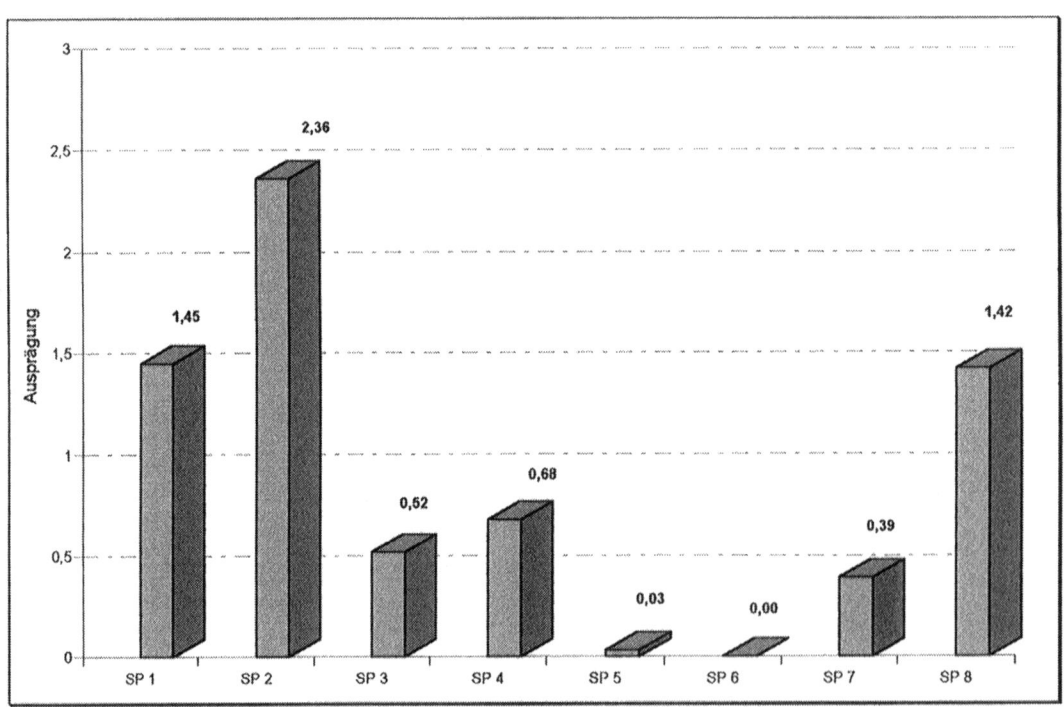

Abb.2 Schwerpunkte des therapeutischen Vorgehens (s.a. Beschreibung im obigen Kasten)

Die beteiligten Therapeuten sahen den Schwerpunkt ihres Vorgehen ganz eindeutig im Spektrum der verhaltenstherapeutischen Methoden angesiedelt. Darüber hinaus wurde im mittleren Umfang „gesprächstherapeutisches Vorgehen" eingesetzt, was möglicherweise im Zusammenhang steht mit der hochbelasteten Eingangssituation der VT-Patienten (s.a.5.3.13) und dem therapeutischen Bemühen um eine vertrauensbildende Atmosphäre.

5.2   Die verhaltenstherapeutischen Langzeittherapien

Patienten, die in eine Verhaltenstherapie fanden, wurden in den meisten Fällen von einem Psychiater im Rahmen des bis 1999 geltenden Delegationsverfahrens (s.5.3.10) zugewiesen. Hier fand also eine „naturalistische", dennoch selektive Auswahl statt.

Die Patienten sollten folgende Kriterien erfüllen, um in die Studie aufgenommen zu werden:

- Alter der Patienten zwischen 18 bis 45 Jahren

- Eine Symptomatik im Bereich Depression und/oder Angst gemäß den Kriterien des DSM-III-R, Achse I.

- Die Diagnose mußte im diagnostischen Interview SKID von einem unabhängigen Interviewer gestellt worden sein. (Zum diagnostischen Interview SKID siehe Kap. 4.3.1.)

- Eine diagnostizierte psychotische Störung oder eine stoffliche Abhängigkeit (Alkohol, Medikamente) führte zum Ausschluß aus der Studie.

- Eine verhaltenstherapeutische Langzeittherapie mußte geplant oder eingeleitet sein. Da Verhaltenstherapeuten zunächst überwiegend Kurzzeittherapien beantragen, wurde das folgende Procedere nötig: Patienten wurden zu Therapiebeginn die Anfangsfragebögen zur Bearbeitung übergeben. Wenn eine Umwandlung von einer Kurzzeittherapie in eine Langzeittherapie absehbar war (bis zur 20.Stunde gemäß den Psychotherapierichtlinien), wurden der jeweilige Patient zum diagnostischen Interview (SKID) gebeten. Bei Erfüllung der Diagnosekriterien wurde er dann in die Untersuchung aufgenommen.

Nach Abschluß jeder Behandlung bzw. bei weiterlaufender Behandlung nach 3 ½ Jahren gaben die Therapeuten in einem kurzen Fragebogen Charakteristika der Behandlung an (s.a. 5.1.1).

Tab. 2 Behandlungsumfang

	begonnen N	nach 1 Jahr beendet N	nach 2 ½ J. beendet N	nach 3 ½ J. beendet N (%)	nach 3 ½ J. weiterlaufend N (%)
VT	31	1	14	26 (83,9%)	5 (16,1%)

Tab. 3 Durchschnittliche Dauer der Behandlungen in Stunden/Monaten

	In Stunden		In Monaten	
	M (aufgerundet)	s	M (aufgerundet)	s
VT	63	17,24	28	9,57

Aus den von den beteiligten Therapeuten zur Verfügung gestellten Informationen geht nur Anfang und Ende einer Therapie hervor, leider nichts über die Frequenz der Therapiestunden. Auf der Grundlage kollegialen Austauschs liegt aber die Vermutung nahe, daß bei den hier beforschten Verhaltenstherapien oft nach einer hochfrequenten Phase zu Therapiebeginn die Häufigkeit der Termine ausgedünnt wurde, gefolgt von einer „Kontrollphase" mit Terminen im Abstand von mehreren Wochen bis zu einem avisierten Ende der Therapie nach im Mittel mehr als 2 Jahren.

Zu berücksichtigen ist auch, daß Patienten erst in dem Moment in die Untersuchung aufgenommen wurden, wenn eine Umwandlung von einer Kurzzeit- in Langzeittherapie vollzogen wurde, so daß diejenigen Patienten, die die Behandlung in den ersten 15 bis 20 Stunden abbrachen und gleichzeitig in den Bereich von Langzeittherapie gehört hätten, nicht zuverlässig identifiziert werden.

5.3   Patientendaten zu Therapiebeginn

Bei der Darstellung der Patientendaten zu Therapiebeginn weist ein entprechender „Marker" darauf hin, ob signifikante/nicht signifikante Unterschiede zu einer | *signifikant* | vergleichbaren Stichprobe von tiefenpsychologisch/analytisch behan- | *nicht signifikant* | delten Patienten (BROCKMANN, 2000) vorliegen. Falls ein signifikanter Unterschied gefunden wurde, wird dieser nach Art und Umfang kurz beschrieben. Im Mittel wurden die Fragebögen der Erstbefragung von den Patienten nach 3,5 Therapiestunden bzw.einem Monat ausgefüllt.

5.3.1 Alter der Patienten

nicht signifikant

Tab. 4 Alter der untersuchten Patienten

	Anzahl N	Alter in Jahren M	s
VT-Patienten	31	33,0	8,0

Da aufgrund der Auswahlkriterien für die Untersuchung nur Patienten zwischen 18 und 45 Jahre befragt wurden, ist das Ergebnis in erster Linie ein Produkt des Untersuchungsdesigns.

5.3.2 Geschlechtsverteilung der Patienten

nicht signifikant (Trend)

Tab. 5 Geschlechtsverteilung der untersuchten Patienten

	Anzahl N	♀	♂
VT-Patienten	31	29	2

Bei einem statistischen Vergleich mit BROCKMANN's (2000) Behandlungsgruppe zeigt sich bezüglich der Geschlechtsverteilung kein signifikanter Unterschied, wohl aber ein Trend (p=0,07; Chi-Quadrat)

5.3.3 Verteilung der Diagnosen

nicht signifikant

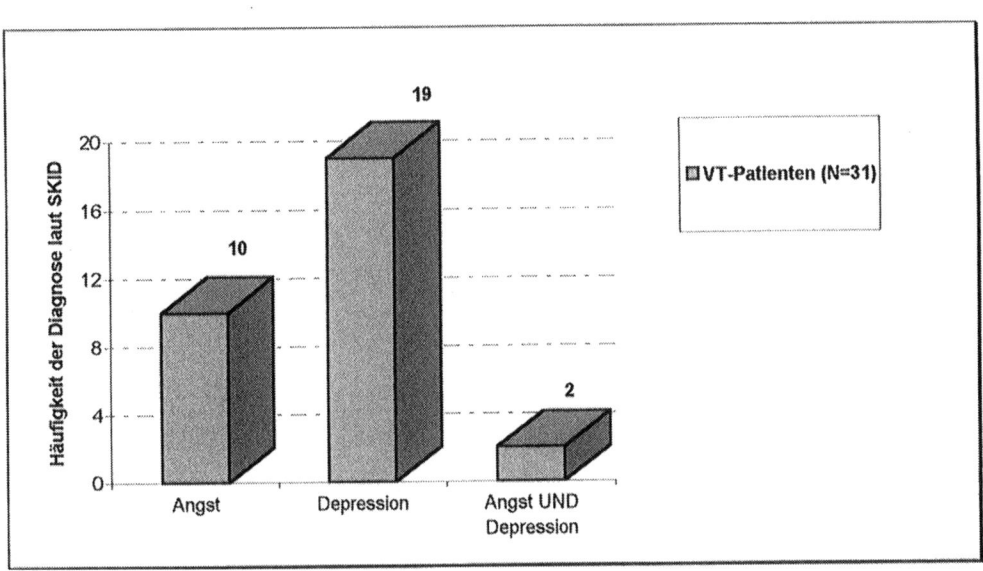

Abb.3 Verteilung der Diagnosen

Die Verteilung der als Aufnahmekriterium geltenden Diagnosen Angst oder/und Depression streut in der Untersuchungsgruppe der VT-Patienten im Verhältnis 2/3 : 1/3. Die in vielen Studien gefundene Komorbididät findet sich deswegen hier nicht, da im Rahmen der Untersuchung nur Hauptdiagnosen im Sinne der Achse 1 des DSM-III-R berücksichtigt wurden.

5.3.4 Höchster Bildungsabschluß | *signifikant* |

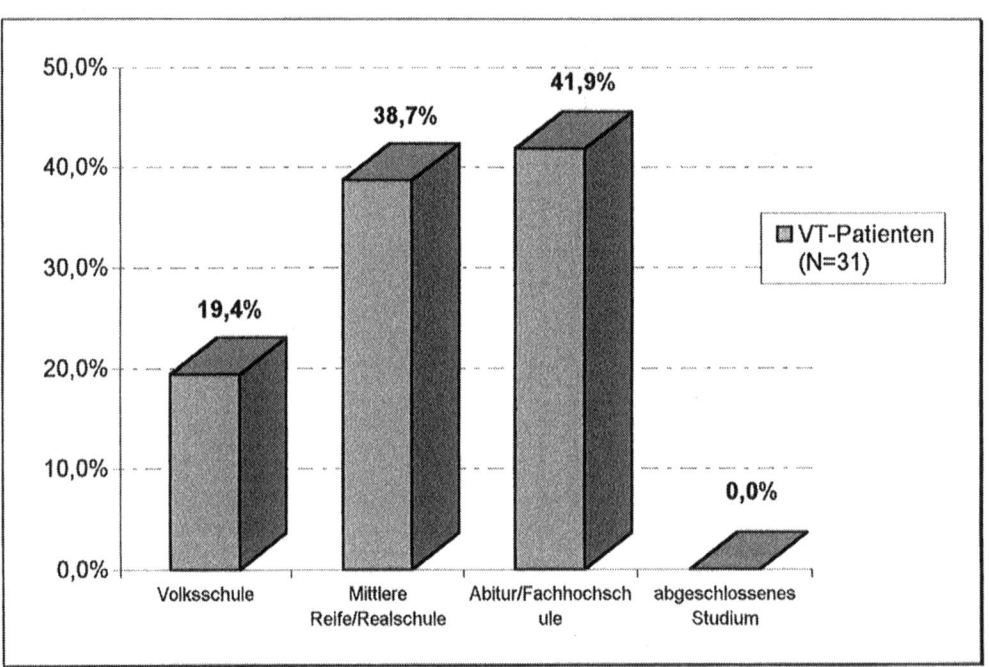

Abb. 4 Höchster Bildungsabschluß

Bei einem Vergleich „insgesamt niedriger Bildungsabschluß" (Volksschulabschluß/Mittlere Reife) vs. „insgesamt hoher Bildungsabschluß" (Abitur/abgeschlossenes Hochschulstudium) ergibt sich ein hochsignifikanter Unterschied zwischen verhaltenstherapeutisch bzw. tiefen-psychologisch/analytisch behandelten Patienten: Letztere haben einen deutlich höheren Bildungsabschluß als die VT-Patienten (p = 0,002; Chi-Quadrat).

5.3.5 Anzahl der Arztbesuche/Krankenhaustage im Jahr vor der Behandlung

nicht signifikant

Tab. 6 Anzahl der Arztbesuche/Krankenhaustage im Jahr vor der Behandlung

	M	s
Anzahl der Arztbe-suche	10,87	8,4
Anzahl der Kran-kenhausbesuche	4,4	16,5
...im Jahr vor der Behandlung		

Die Werte wurden von den Patienten retro-spektiv erfragt und besitzen deswegen nicht die gleiche Verläßlichkeit wie z.B.objektiv erhobene Daten von Krankenkassen.

Die Werte sind in einer relativ guten Übereinstimmung mit Daten aus anderen Untersuchungen, die ebenso retrospektiv von den Patienten die Anzahl der Arztbesuche und Krankenhaustage erfragten (Epidemiologische Studie über psychogene Erkrankungen in der Stadtbevölkerung von SCHEPANK (1987)).

5.3.6 Kuren vor der Behandlung

nicht signifikant

Tab. 7 Häufigkeit von Kuren vor der Behandlung

Keine Kur	74 %
eine Kur	19 %
zwei Kuren	7 %
drei Kuren	0 %
vier oder mehr Kuren	0 %

Auch diese Werte wurden von den Patienten retrospektiv erfragt und unterliegen deswegen den gleichen Einschränkungen wie die unter 5.3.5 „Anzahl der Arztbesuche/Kranken-haustage im Jahr vor der Behandlung" refe-rierten Daten.

5.3.7   Vorhergehende psychotherapeutische Behandlungen | *nicht signifikant* |

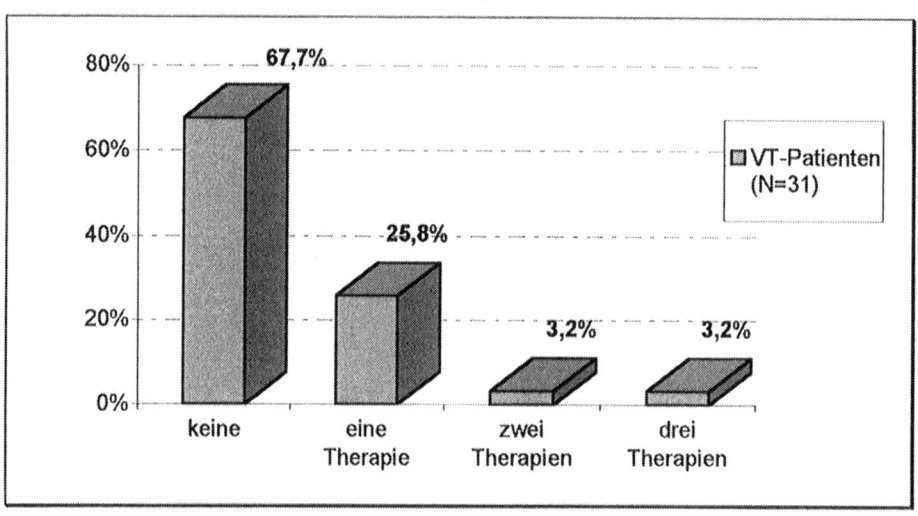

Abb. 5 Häufigkeit vorhergehender psychotherapeutischer Behandlungen

Etwa 1/3 der Befragten waren bereits vorher in einer oder mehreren psychotherapeutischen Behandlungen gewesen.

5.3.8   Einnahme von Psychopharmaka vor der Behandlung | *signifikant* |

Tab. 8 Einnahme von Psychopharmaka vor der Behandlung

	Anzahl	Ja
	N	%
VT-Patienten	31	35,5

Auch unter Berücksichtigung der bekannten Einschränkungen (s.5.3.6 u.5.3.7) erhielt die verhaltenstherapeutische Behandlungsgruppe vor Behandlungsbeginn signifikant häufiger Psychopharmaka verschrieben als BROCKMANN's (2000) Behandlungsgruppe (p=0,005; Chi-Quadrat).

5.3.9 Globale Beurteilung der Leistungsfähigkeit

nicht signifikant

Tab. 9 Globale Beurteilung der Leistungsfähigkeit (GAF)

	M	s
VT-Patienten	63,6	7,7

Die „globale Beurteilung der Leistungsfähigkeit" ist eine standardisierte Skala (US-Form: **GAF** = Global Assessment Form) und als Achse V im DSM-III-R vorhanden. Die Patienten wurden im Rahmen des diagnostischen Interviews vom Interviewer in dieser Skala eingeschätzt. Die Skala „Beurteilung der Leistungsfähigkeit" besitzt Werte von 90 (gute Leistungsfähigkeit auf allen Gebieten) bis zum Wert 10 (ständige Gefahr, sich oder andere schwer zu schädigen).

5.3.10 Gründe für die Therapiewahl
(Mehrfachnennungen möglich)

signifikant

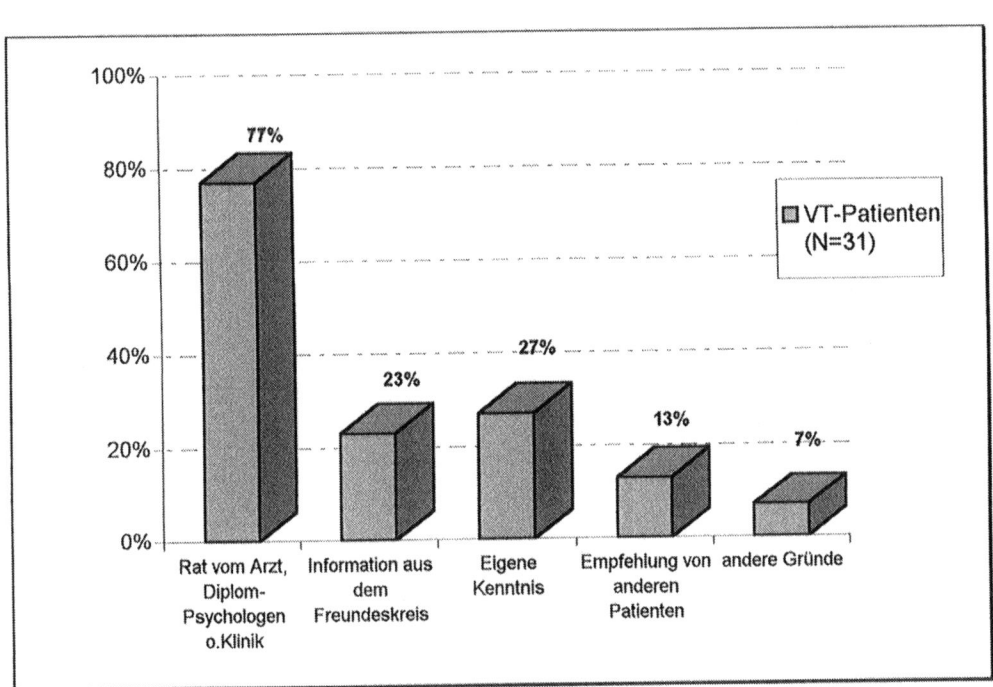

Abb. 6 Gründe für die Therapiewahl

Eine große Mehrheit von Patienten, die verhaltenstherapeutisch behandelt wurden, nannten als Grund für ihre Therapiewahl einen Rat vom Arzt, Diplom-Psychologen oder einer Klinik; tiefenpsychologisch/psychoanalytisch behandelte Patienten nannten neben dieser Kategorie nahezu ebenso häufig eigene Kenntnis und Information aus dem Freundes- bzw. Bekanntenkreis als Grund für ihre Therapiewahl (BROCKMANN, 2000). Der Unterschied in der Kategorie „Rat vom Arzt etc."ist zwischen den beiden Behandlungsgruppen signifikant (p=0,01; Chi-Quadrat).

Bei differenzierterer Analyse des Zusammenhang zwischen „Gründe für die Therapiewahl" und dem „Bildungsniveau" (s.5.3.4) läßt sich eine signifikante negative Korrelation (r= -.29) zwischen der Häufigkeit des angegebenen Grundes „Rat vom Arzt etc." und dem Bildungsniveau über die Gesamtheit der Patienten nachweisen (p=0,01, Kendall-Correlation Coefficient).

5.3.11 Persönliche Erwartungen der Patienten bezüglich der Therapiedauer   nicht signifikant

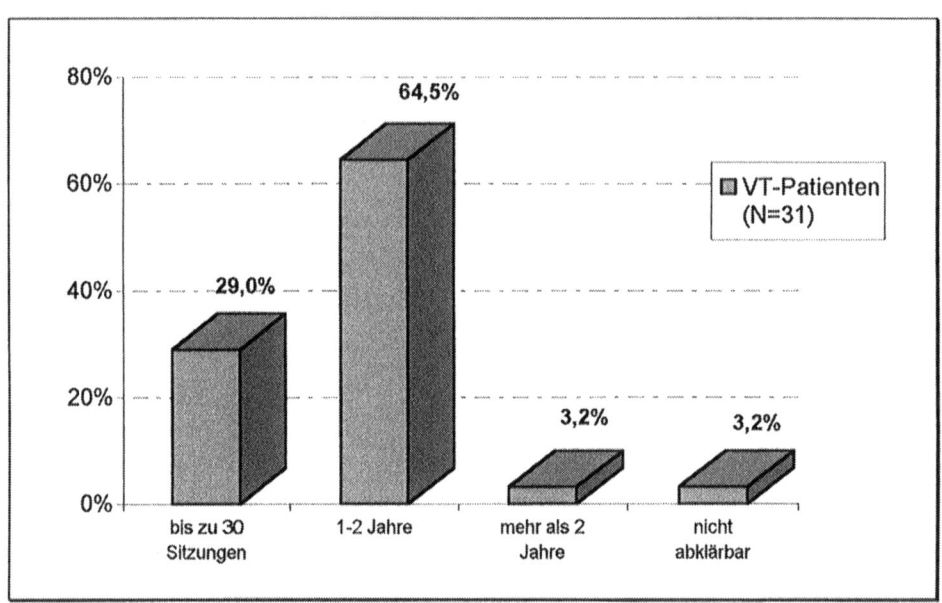

Abb. 7 Persönliche Erwartungen der Patienten bezüglich der Therapiedauer

Mehr als 90 % der VT-Patienten erwarten, daß ihre Therapie mindestens 30 Stunden, eher aber 1 bis 2 Jahre dauern wird.

5.3.12 Prioritäten von vorgegebenen Therapiezielen zu Behandlungsbeginn

signifikant

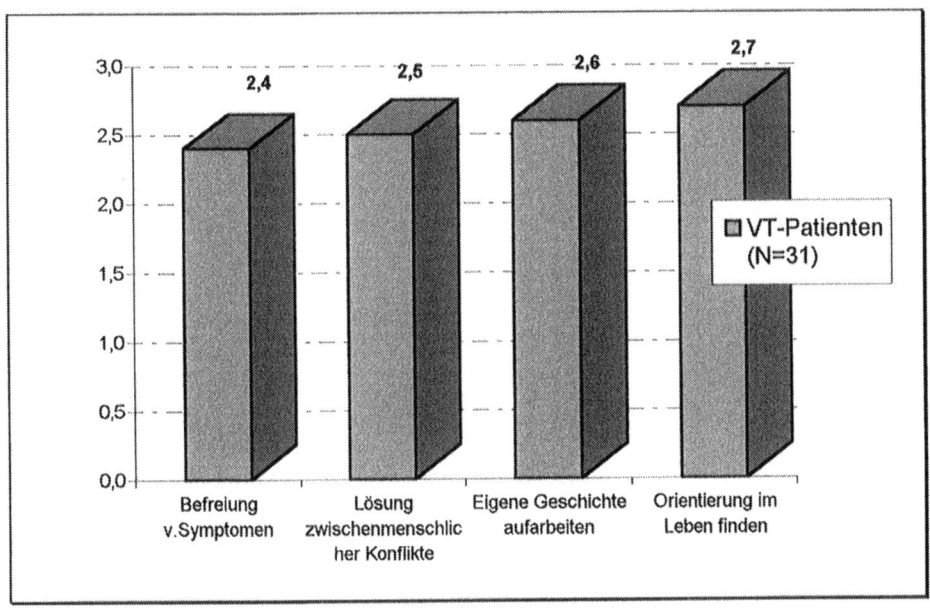

Abb. 8 Prioritäten von vorgegebenen Therapiezielen zu Behandlungsbeginn

Während es für die verhaltenstherapeutische Behandlungsgruppe keine signifikanten Abweichungen von einer angenommenen Gleichverteilung gibt, weist im Vergleich mit der Stichprobe von BROCKMANN (2000) diese zu Behandlungsbeginn dem Aspekt „Eigene Lebensgeschichte verarbeiten" eine höhere Priorität zu ($p=0,03$; Mann-Whitney-Test).

5.3.13 Symptom-Check-Liste (SCL-90-R)

| signifikant |

Tab. 10 Skalen- u. Gesamtwert GSI der SCL-90-R zum Zeitpunkt der Erstbefragung

Skalen	M (s)
SCL 1	1,41 (.88)
SCL 2	1,59 (.71)
SCL 3	1,70 (.93)
SCL 4	2,12 (.81)
SCL 5	1,87 (1.01)
SCL 6	1,32 (.85)
SCL 7	1,31 (1,16)
SCL 8	1,46 (1,02)
SCL 9	1,20 (.91)
SCL GSI	1,59 (.72)

Die Symptomatik zu Beginn der Behandlung wurde mit dem SCL-90-R erfaßt. Fazit: In allen Skalen und im Gesamtwert GSI stellen sich VT-Patienten signifikant symptombelasteter dar als eine vergleichbare PA-Stichprobe (BROCKMANN, 2000)

Zu Verdeutlichung verweise ich auf Tab.10, in der die für die Untersuchung relevanten Faktoren 4, 5 und 7 sowie der Gesamtwert GSI dargestellt werden. Die Vergleichswerte „Normal-Gesunde" beziehen sich auf die Standardisierungsstichprobe (N=1006, Allgemeinbevölkerung) von FRANKE (1995) und die Vergleichswerte „Stationäre Psychotherapie-Patienten" auf eine Stichprobe (N= 194) von DAVIES-OSTERKAMP et al. (1996), die auch bei FRANKE (1995) mitgeteilt wird. TINGEY et al. (1996) geben als US-Mittelwerte für den Gesamtwert GSI an: Stationäre Therapie GSI = 1,30, ambulante Therapie GSI = 0,79 und DEROGATIS (1977) für die Normalpopulation: GSI = 0,31.

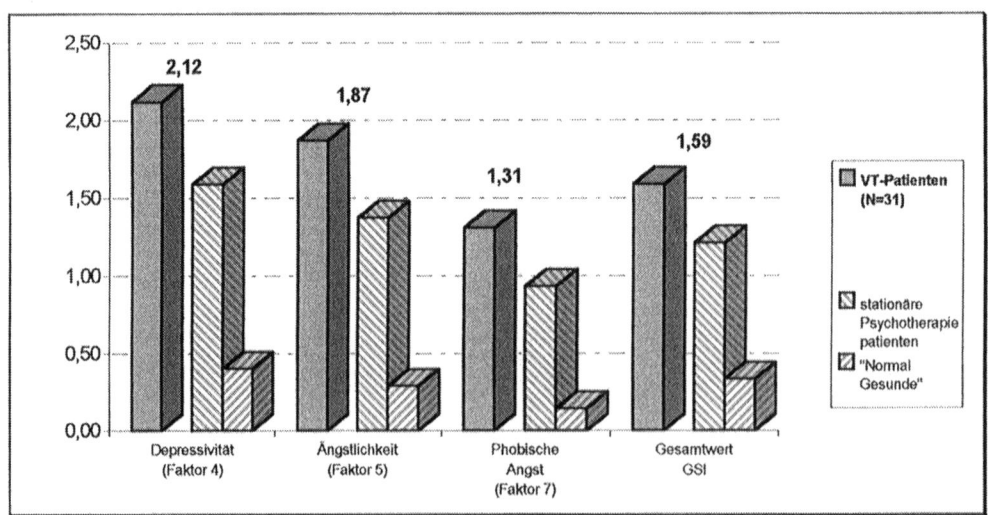

Abb. 9 Ausprägung der Faktoren „Depressivität", „Ängstlichkeit" und „Phobische Angst" sowie des Gesamtwerts GSI zu Behandlungsbeginn (und Referenzdaten)

5.3.14 Inventar zur Erfassung interpersonaler Probleme (IIP-D) nicht signifikant

Die interpersonellen Probleme zu Beginn der Behandlung wurden mit dem IIP-D erfaßt

Tab. 11 Mittelwerte, ipsatierte Werte und Stanine des IIP-D
zum Zeitpunkt der Erstbefragung

Skalen	M	ipsatiert	Stanine
PA autokratisch/dominant	1,03	-,5,04	4
BC streitsüchtig/konkurrierend	1,13	-4,24	3
DE abweisend/kalt	1,41	-2,00	4
FG introvertiert/sozial vermeidend	1,79	1,04	5
HI selbstunsicher/unterwürfig	2,21	4,40	6
JK ausnutzbar/nachgiebig	2,04	3,04	5
LM fürsorglich/freundlich	2,14	3,84	6
NO expressiv/aufdringlich	1,54	-0,96	5
IIP- Gesamt	1,66	nicht ipsa- tiert	6

Die standardisierten Werte (Stanine) sind graphisch auf der folgenden Seite in Bezug auf die

Normstichprobe (N = 1335, davon Studenten (n=461), Psychotherapiepatienten (n=506) und

Rehabilitanden nach Herzerkrankungen (n=368); HOROWITZ et al., 1994) dargestellt.

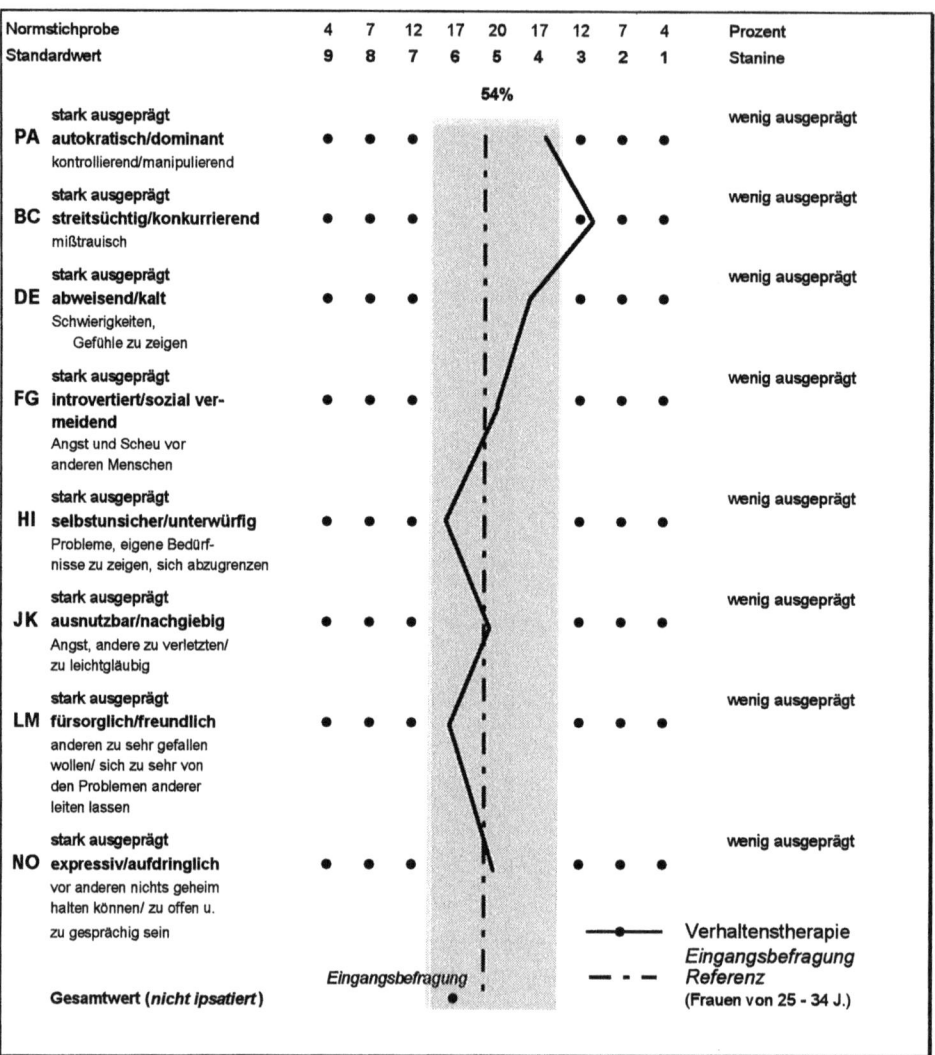

Abb. 10 Standardwerte (Stanine) der VT-Patienten zum Zeitpunkt der
Erstbefragung in Bezug auf die Normstichprobe des IIP-D

5.3.15 Resümee

Die im Rahmen des Gesamtprojekts der "Frankfurt-Hamburger Langzeitpsychotherapiestudie"
beforschten Behandlungsgruppen verhaltenstherapeutisch und tiefenpsychologisch/analytisch
behandelter Patienten unterschieden sich in wesentlichen Merkmalen, trotz vergleichbarer Diagnose. Deswegen lassen sich im experimentellen Untersuchungdesign statistisch „klassische"
Methoden wie 2-faktorielle Varianzanalysen und Co-Varianzanalysen in dieser naturalistischen
Studie nur als „Gedankenexperiment" durchführen.

Die in den nächsten Abschnitten dargestellten Daten und deren statistische Aufbereitung werden im Anhang ausführlich dokumentiert. Soweit vorhanden, werden auffällige Unterschiede
zwischen den Behandlungsgruppen der "Frankfurt-Hamburger Langzeitpsychotherapiestudie"
kurz beschreibend dargestellt.

5.4 Verlaufs-u.Ergebnisdokumentation

Tab. 12 Wiederbefragungsrate der VT-Patienten zu den Meßzeitpunkten

	N (%)
für die Fragebögen der 1,0-Jahresbefragung	31 (100 %)
für die Fragebögen der 2,5-Jahresbefragung	31 (100 %)
für die Fragebögen der 3,5-Jahresbefragung	28 (90,3 %)
Teilnahme am Katamneseinterview	20 (64,4 %)

Die Wiederbefragungsrate der VT-Patienten ist insgesamt sehr hoch (im Durchschnitt über alle vier Meßzeitpunkte 97,6 % !) mit entsprechend positiven Auswirkungen auf die Aussagekraft der erhobenen Daten auch zu den späteren Meßzeitpunkten. Es kam immer wieder zu Therapieunterbrechungen wegen Schwangerschaft, Kuren bzw. zeitweiser Abwesenheit vom Wohnort aufgrund beruflicher Verpflichtungen. Knapp 2/3 aller behandelten VT-Patienten beteiligten sich auch noch am Katamneseinterview (s.a.Kapitel 5.4.7)

5.4.1 Veränderungen in der Symptomatik (SCL-90-R)

Die Patienten beschrieben ihre aktuelle Symptomatik zu den vier erfragten Meßzeitpunkten. Es zeigte sich eine deutliche Reduktion in der Symptomatik mit hochsignifikanten Veränderungen in allen Skalen und im Gesamtwert GSI der SCL-90-R. Für den Gesamtwert GSI sind die Verläufe über die Zeitpunkte zusammen mit den bereits früher zitierten Referenzdaten in Abb.11 dargestellt.

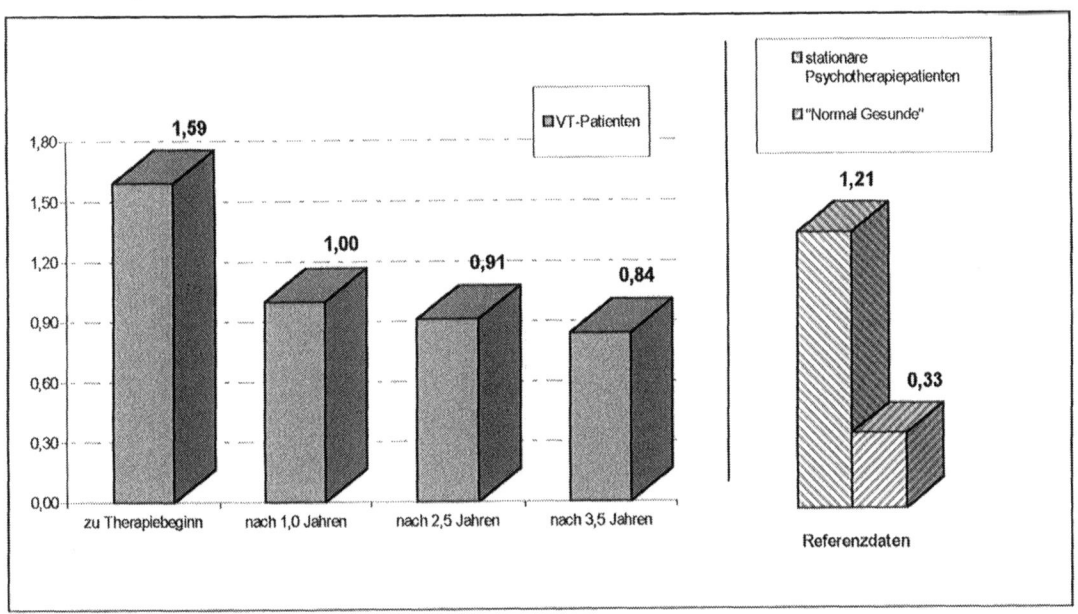

Abb. 11 Verlauf des Gesamtwerts GSI über die 4 Meßzeitpunkte (und Referenzdaten)

Für den Zeitpunkt 3,5 Jahre sind der Gesamtwert GSI und die Werte in 3 Skalen in
Abb.12 dargestellt. Die Veränderungen in
den ausgewählten Skalen zeigen ein ähnliches
Bild wie die Veränderungen im Gesamtwert
GSI. (Die Werte für die einzelnen Zeitpunkte
und die aller Skalen sind im Anhang, S.II,
aufgeführt.)

Gesamtprojekt "Frankfurt-Hamburger Langzeitpsychotherapiestudie"

Bei den mit Verhaltenstherapie behandelten Patienten beginnt die Veränderung im Vergleich zu den
tiefenpsychologisch/analytisch behandelten Patienten auf einem wesentlich höheren Niveau der Symptombelastung. Die Veränderung der Symptomatik
ist absolut gesehen für VT-Gruppe deutlich größer
als für die Gruppe der tiefenpsychologisch/ analytisch behandelten Patienten. Die Symptombelastung
ist nach 3 ½Jahren bei den VT-Patienten auf einem
Niveau, das dem Ausgangsniveau der anderen
Gruppe entspricht. Die TP/PA-Patienten gaben
nach 3 ½ Jahren eine Symptombelastung an, die
nach den Normen des SCL-90-R „Normalgesun-
den" entspricht. (FRANKE, 1995).

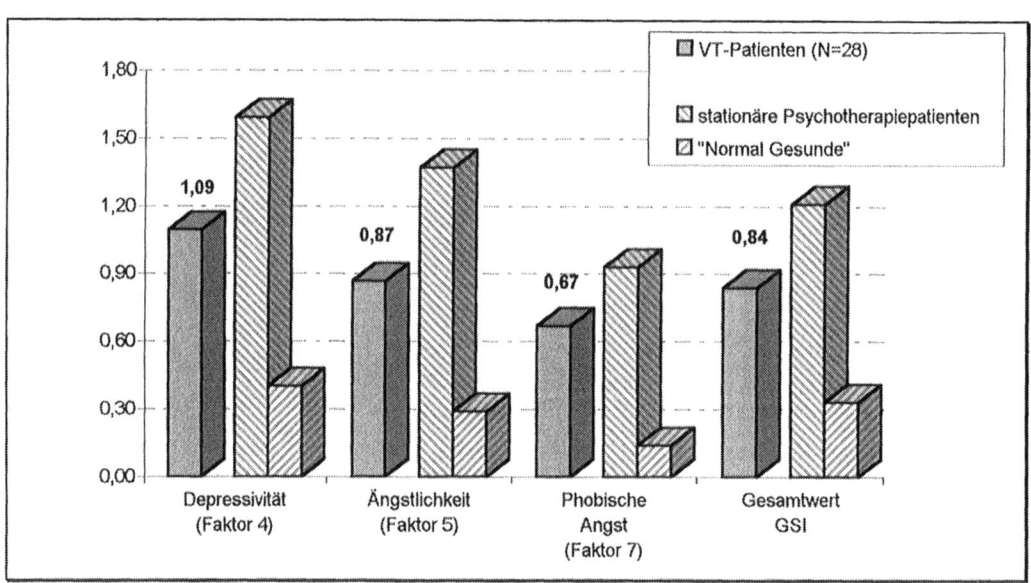

Abb.12 Ausprägung der Faktoren „Depressivität", „Ängstlichkeit" und „Phobische Angst" sowie des
Gesamtwerts GSI nach 3,5 Jahren (und Referenzdaten)

Bei Durchführung einer 1-faktoriellen Varianzanalyse mit Meßwiederholung über die Meßzeitpunkte 0,0/1,0/2,5/3,5 Jahre (multivariat für die Skalen 1 bis 9, univariat für die einzelnen
Skalen und den Gesamtwert) findet sich ein hochsignifikanter Zeiteffekt (vgl. Anhang S.II).

5.4.2 Veränderungen in der interpersonalen Problematik (IIP-D)

Die Patienten beschrieben ihre aktuelle inter-
personelle Problematik zu den vier erfragten
Meßzeitpunkten. Bei Durchführung einer
1-faktoriellen Varianzanalyse mit Meßwiederholung über die Meßzeitpunkte 0,0/1,0/2,5/
3,5 Jahre (multivariat für die Skalen 1 bis 9,
univariat für die einzelnen Skalen und den Gesamtwert) finden sich (hoch)signifikante Zeiteffekte, und zwar in 4 von 8 Skalen und im
Gesamtwert (vgl. Anhang S.III).

Gesamtprojekt "Frankfurt-Hamburger Langzeitpsychotherapiestudie"

Substantielle Veränderung, gemessen im Gesamtwert und den einzelne Skalen des IIP, wurden bei
den verhaltenstherapeutisch behandelten Patienten
erst im Zeitraum zwischen der 2,5- und 3,5-Befra-
gung erkennbar, während die tiefenpsychologisch/
analytisch behandelten Patienten von BROCK-
MANN (2000) bereits im Zeitraum von der 1,0- zur
2,5-Jahresbefragung eine deutlich positive Veränderung aufwiesen. Allgemein: Substantielle Veränderungen stellten sich in der interpersonalen
Problematik deutlich später als in der Symptombelastung (s.5.4.1) ein.

Die Skalen repräsentieren die Achsen im interpersonalen Kreismodell. Die Mittelwerte, ipsatierten Werte und Standardwerte (Stanine) in den Skalen zum Zeitpunkt 0,0 und 3,5 Jahre sind
zum Vergleich in Tab.11 dargestellt.

Tab. 13 Mittelwerte, ipsatierte Werte und Stanine des IIP-D zum Zeitpunkt 0,0 und 3,5 Jahre

Skalen	Zeitpunkt 0,0 Jahre			Zeitpunkt 3,5 Jahre		
	M	ipsatiert	Stanine	M	ipsatiert	Stanine
PA autokratisch/dominant	1,03	-,5,04	4	0,82	-3,44	5
BC streitsüchtig/konkurrierend	1,13	-4,24	3	0,98	-2,16	4
DE abweisend/kalt	1,41	-2,00	4	1,04	-1,68	5
FG introvertiert/sozial vermeidend	1,79	1,04	5	1,27	0,16	5
HI selbstunsicher/unterwürfig	2,21	4,40	6	1,66	3,28	6
JK ausnutzbar/nachgiebig	2,04	3,04	5	1,40	1,20	5
LM fürsorglich/freundlich	2,14	3,84	6	1,65	3,20	6
NO expressiv/aufdringlich	1,54	-0,96	5	1,19	0,48	5
IIP-Gesamt	1,66	nicht ipsa-tiert	6	1,25	nicht ipsatiert	4

Die Standardwerte (Stanine) für den Meßzeitpunkt 0,0 und 3,5 Jahre sind in der folgenden
Graphik in Bezug auf die Normstichprobe des IIP-D (N = 1335, davon Studenten (n=461),
Psychotherapiepatienten.(n=506) und Rehabilitanden nach Herzerkrankungen (n=368); HO-
ROWITZ et al., 1994) dargestellt.

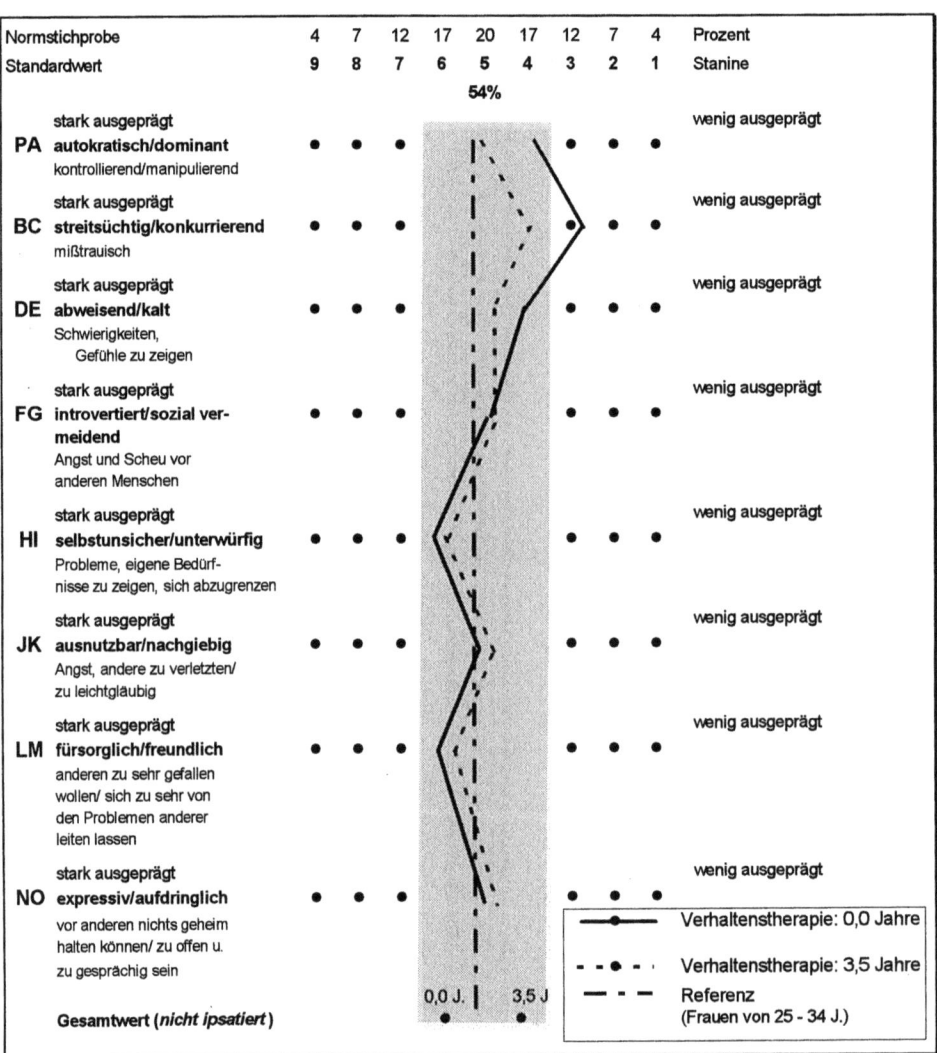

Abb. 13 Standardwerte (Stanine) der VT-Patienten zum Zeitpunkt 0,0 und 3,5 Jahre in Bezug auf die
Normstichprobe des IIP-D

5.4.3 Effektstärken für Veränderungen in der Symptombelastung (SCL-90-R) und in der interpersonalen Problematik (IIP-D)

Aus den Patienteneinschätzungen wurden für die Behandlungsgruppe für alle Skalen und den Gesamtwert des SCL-90-R und des IIP die Effektstärken (ES) berechnet.

Bei den Effektstärken für den Gesamtwert des IIP fällt wieder auf (s.a.5.4.2), daß substantielle Effekte für die Patienten, die eine verhaltenstherapeutische Behandlung wählten, erst zwischen der 2,5- und 3,5-Jahresbefragung zu verzeichnen waren.

Gesamtprojekt "Frankfurt-Hamburger Langzeitpsychotherapiestudie"

Als Maß der Effektstärke (ES) wurde gewählt:

$$ES = (x^{post} - x^{prä}) / s^{prä}$$

Diese hier durchgehend angewandte Berechnungsformel ist eine Variante der von SMITH et al. (1980) diskutierten Formel zur Effektstärkenberechnung, die diese ursprünglich für den Vergleich von Therapie- und Kontrollgruppen vorgeschlagen haben. HARTMANN et al. (1995) weisen bei den vier von ihnen untersuchten Berechnungsvarianten nach, daß es je nach Variante zu erheblich unterschiedlichen Effektstärken kommt. Vergleiche in den Effektstärken sind deshalb nur auf der Basis einer Variante gerechtfertigt.

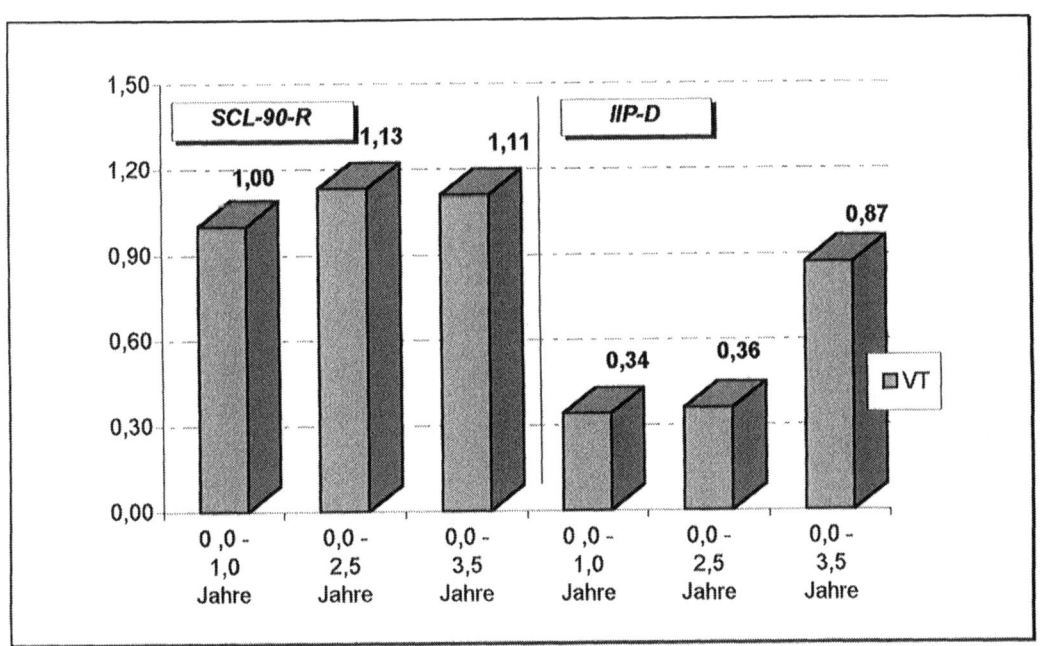

Abb.14 Effektstärkenverlauf für den GSI der SCL-90-R sowie für den IIP-Mean des IIP-D

Die Effektstärken für alle Skalen zu den angegebenen Zeitpunkten sind im Anhang S.IV angegeben. Die Effektstärken können als gut angesehen werden. Sie liegen deutlich über den Werten, die bei Placebo-Behandlungen gefunden wurden. Die Effektstärken des Placeboeffekts
wird z.B.von LAMBERT et al. (1994, S.140) mit ES=.42 angegeben (gemittelte Effektstärken
über unterschiedliche Veränderungsmaße und unterschiedliche Studien).

5.4.5 Veränderungen im Erleben und Verhalten (VEV)

Tab. 14 VEV-Werte für VT-Patienten zum 1,0-, 2,5- und
3,5-Jahreszeitpunkt

	M	s
1,0-Jahreszeitpunkt	201	33
2,5-Jahreszeitpunkt	209	35
3,5-Jahreszeitpunkt	202	51
Die Anzahl der Patienten pro Zeitpunkt schwankte zwischen N = 31 und N = 28		

Die Antworten der verhaltenstherapeutisch behandelten Gruppe
wiesen auf hochsignifikante Veränderungen im VEV für die erfragten Zeitabschnitte hin.
Erfragt wurden zum 1,0-Jahres-
zeitpunkt die Veränderungen seit
Therapiebeginn; zum 2,5-Jahres-
zeitpunkt/ 3,5-Jahreszeitpunkt die Veränderungen seit der letzten Befragung.

Alle Veränderungen sind nach der Normentabelle des VEV (ZIELKE et al.,1978) hochsignifikant. Die zugrundeliegenden Berechnungen befinden sich im Anhang (vgl. S.VIII).

5.4.5 Sonstige Veränderungen und Einschätzungen aus Patientensicht
          (Wiederbefragungsbögen)

5.4.5.1 Veränderungen in der Anzahl der Arztbesuche und Krankenhaustage

Die Anzahl der Arztbesuche und Krankenhausaufenthalte der VT-Patienten wurden zu den
Meßzeitpunkten retrospektiv erfragt und unterliegen damit den bekannten Einschränkungen.
Zum Meßzeitpunkt 2,5 Jahre waren seit der letzten Befragung 18 Monate vergangen.

Tab. 15 Veränderungen in der Anzahl der Arztbesuche und Krankenhaustage

	im Jahr vor Thera- piebeginn	Zeitraum 0,0 - 1,0 Jahr	Zeitraum 1,0 - 2,5 Jahre	Zeitraum 2,5 - 3,5 Jahre
	M (s)	M (s)	M (s)	M (s)
Anzahl der Arztbesuche der VT-Patienten	10,9 (8,4)	8,9 (7,1)	7,8 (5,8)	9,4 (7,8)
Anzahl der Krankenhausaufent- halte der VT-Patienten	4,4 (16,5)	1,9 (5,2)	0,68 (2,5)	5,64 (13,3)

In einer nonparametrischen 1-faktoriellen Varianzanalyse über die einzelnen Zeitpunkte konnten keine signifikante Veränderung gefunden werden. Das galt sowohl für die Anzahl der Arztbesuche als auch für die Anzahl der Krankenhausaufenthalte. Die Varianzanalyse wurde nonparametrisch durchgeführt, da die Voraussetzungen der parametrischen Varianzanalyse (Normalverteilung der Stichproben und Varianzhomogenität) grob verletzt waren. Die hohe Streuung bei der Anzahl der Krankenhaustage (Zeitraum im Jahr vor Therapiebeginn; Zeitraum 2,5 - 3,5 Jahre) erklärt sich dadurch, daß einige wenige Patienten eine sehr hohe Anzahl von Krankenhaustagen hatte. Dies führte zu einem wenig interpretierbaren Mittelwert.

5.4.5.2 Patientenaussagen zu den beendeten Therapien

Tab. 16 Hauptgrund zur Beendigung der Therapie

	N = 22 *)
	%
Reguläres Ende (d.h. mit dem Erreichten zufrieden)	63%
Unzufriedenheit mit dem Therapeuten oder dem Therapieverlauf	14%
Keine weitere Kostenübernahme durch die Kasse	14%
Sonstige Gründe	9%
*) erklärt sich aus der Anzahl der Patienten, die eine Verhaltenstherapie beendet und den Fragebogen ausgefüllt hatten	

Ein reguläres Ende hatten auch am Ende einer Langzeittherapie nur ca. 2/3 der Patienten. Jeweils 14 % begründeten das Therapieende im Wesentlichen mit „Unzufriedenheit mit dem Therapeuten" bzw. mit „Keine weitere Kostenübernahme durch die Kasse"; letztere Begründung weist darauf hin, daß manche Patienten glaubten, auch über das im Rahmen der Kassenärztlichern Versorgung mögliche Kontingent hinaus noch von der Fortführung der Verhaltenstherapie profitieren zu können.

Im weiteren Verlauf werden die Patientenaussagen zu den jeweiligen Fragen der Wiederbefragungsbögen dargestellt und eingeschätzt. Eine Auswahl der Wiederbefragungsbögen findet sich im Anhang.

- **Zufriedenheit mit der Behandlung**

  Auf einer Skala von +2 („sehr zufrieden") bis -2 „(sehr unzufrieden") beschrieben sich die Patienten als zufrieden bis sehr zufrieden (M=1,3/ s=0,7).

- **Stand der Aufwand der Behandlung mit dem Nutzung in einer vernünftigen Beziehung ?**

  Auf einer Skala von +2 („Ja, ich habe den Eindruck") bis -2 („Nein, den Eindruck habe ich nicht") beschrieben sich die Patienten der Behandlungsgruppe wie folgt: M=0,8 / s=1,5. Bei insgesamt positiver Einschätzung der Relation von Aufwand und Nutzen durch die Patienten bleibt aber doch unklar, ob zuviel oder zu wenig Aufwand von welcher der beteiligten Parteien für den angestrebten Nutzen investiert wurde.

- **Wird eine weitere Behandlung benötigt ?**

  Auf einer Skala von +2 („überhaupt nicht") bis -2 („ja, sehr") antworteten die Patienten der Behandlungsgruppe wie folgt: M=0,8 / s=1,5. Eine neue Behandlung wird also nicht benötigt, aber sie wird auch nicht ausgeschlossen.

- **Anteil der Behandlung an den stattgefundenen Veränderungen**

  Auf einer Skala +2 („einen großen Anteil") bis -2 („überhaupt keinen Anteil") schätzten VT-Patienten den Anteil wie folgt ein: M=1,2 / s=1,2. Der Anteil, den die Behandlung an den stattgefundenen Veränderungen bei den Patienten hat, wird relativ hoch eingeschätzt.

• **Wie lange nach Behandlungsbeginn fühlten sie eine merkliche Veränderung ?**

Tab. 17 Zeitpunkt der Veränderung

	N = 21 *)
	%
Gleich am Anfang der Therapie	0 %
Im Verlauf der Therapie	71 %
Am Ende der Therapie	10 %
..... Monate nach Therapieende	19 %
..... Jahre nach Therapieende	0 %
*) erklärt sich aus der Anzahl der Patienten, die eine Verhaltens- therapie beendet und den Fragebogen ausgefüllt hatten	

Merkliche Veränderung spüren hiernach die Patienten nicht zu Beginn, sondern eher im Verlauf und gegen Ende der Behandlung.

• **Wurde eine neue Therapie begonnen ?**

Von den 26 Patienten, die eine verhaltenstherapeutische Behandlung abschlossen, gaben 2 Patienten an, eine weitere Therapie begonnen zu haben; davon wiederum eine „Gesprächstherapie" (Kommentar der Patientin: „..nicht so kompliziert..") und eine Therapie unklarer Orientierung.

• **Prioritäten für die Behandlung in der Rückschau ?**

Die Patienten wurden gebeten, wie bereits zu Therapiebeginn (s.a.5.3.12) die Prioritäten der Behandlung in der Rückschau in eine Reihenfolge zu bringen. Nach 3,5 Jahren gaben die verhaltenstherapeutisch behandelten Patienten der „Befreiung von Symptomen" eine signifikant niedrigere (als eine mittlere) Priorität im Vergleich zum Therapiebeginn.

5.4.5.3 Wirkfaktor „Internalisierung"

„Internalisierung" kann als ein Prozeß angesehen werden, in dem lebendige Wahrnehmung des modellhaft erlebten Therapeuten in emotional besetzte „Schemata" überführt werden sollen mit dem Ziel, daß adäquates Handeln zur Regel, nicht zur Ausnahme wird. Das diesem potentiellen Wirkfaktor auch von Seiten der modernen kognitiven Verhaltenstherapie seit einigen Jahren verstärkt Bedeutung zugemessen wird, wird bei GRAWE (1994) deutlich, wenn er sich selbst zitiert:

> *„Den Kern unserer theoretischen Konzeption bildet das Konstrukt des Schemas. Schemata werden, aufbauend auf den Konzeptionen vor allem von Piaget (....) und Neisser (....) als die grundlegenden Organisationseinheiten psychischer Prozesse angesehen. Sie bilden sich einerseits aus den realen Transaktionen des Individuums mit seiner Umgebung heraus (.....), andererseits liegen sie diesen Transaktionen zugrunde. "*

(GRAWE, 1986, Seite 757)

Zu dem Bereich „Internalisierung" wurden 5 Items formuliert. Bei der Formulierung wurde versucht, aus dem theoretischen Verständnis heraus den Wirkfaktor in potentielle praktische Erfahrungen der Patienten zu übersetzen, die die Erfahrung von Internalisierung des Therapeuten beschreiben. Zusätzlich aufgenommen wurden 5 Items des Fragebogens TRI von GEL-LER et al. (1982), die den Faktor „Continuing the Therapeutic Dialogue" repräsentieren. Dieser Faktor kann als ein Teilaspekt des Wirkfaktors Internalisierung gesehen werden. Die Items stammen aus der deutschen Fassung des TRI von HARTMANN (1997).

Tab. 18 Itemübersicht

	Anzahl Items *)	
Internalisierung	5	(F 10 - F 14)
„Continuing the Therapeutic Dialogue"	5	(F 15 - F 19)
*) Zur Itemformulierung s.Anhang. Auf die Auswertung u. Darstellung der 3 Items F20-22 wird an dieser Stelle verzichtet.		

In den 10 Items (s.Tab.18) beschrieben sich die VT-Patienten zum Zeitpunkt der 1,0-, 2,5- u.3,5-Jahresbefragung.

Da die 2 Item-Blöcke aus verschiedenen theoretischen Konstrukten herausformuliert worden waren, wurde zunächst auf eine faktorenanalytische Auswertung verzichtet und die Items in ihrer originären Zusammenstellung ausgewertet. Dazu wurden die 10 Items F10 - F19 zu einem gemeinsamen Bereich „Internalisierung" mit dem Schwerpunkt „Fortführung des therapeutischen Dialogs" zusammengefaßt. Der Gesamtwert dieser Items wurde als **GI** (Gesamtwert Internalisierung) bezeichnet.

Für den Bereich „Internalisierung" betrug die Skalen-Konsistenz Alpha = 0.87 (N = 31 Patienten, 2,5-Jahres-Befragung). Es wurden ein Item-Gesamtwert für die einzelnen Befragungszeitpunkte bestimmt und anschließend die Korrelationen zwischen dem Gesamtwert (GI) und einem Therapieerfolgsmaß (VEV zum Zeitpunkt 2,5 Jahre) berechnet (s.Tab.20 nächste Seite).

Tab. 19 Gesamtwert Internalisierung (GI)

	Zeitpunkt 1,0 Jahr	Zeitpunkt 2,5 Jahre	Zeitpunkt 3,5 Jahre
VT-Patienten (N = 31 bzw 27)	1,25 (0,38)	1,60 (0,76)	1,40 (0,60)

Für den hier beschriebenen Bereich „Internalisierung" finden sich zeitliche Veränderungen mit einem höchsten Wert zum Zeitpunkt der 2,5-Jahresbefragung .

Es ließen sich signifikante Unterschiede zwischen den Zeitpunkten 1,0 und 2,5 sowie den Zeitpunkten 2,5 und 3,5 nachweisen ($p=0,005$; Wilcoxon Test / $p=0,001$; t-Test).

Auf eine weiterführende statistische Auswertung, d.h.in diesem Fall eine nonparametrische einfaktorielle Varianzanalyse (nicht bei allen Werten ist die Normalverteilung gegeben), wurde an dieser Stelle verzichtet.

Zur Klärung eines möglichen Zusammenhangs zwischen dem Gesamtwert GI und Therapieerfolg wurden für alle Patienten die Mittelwerte der Items F 10 - 19 aus der 2,5-Jahresbefragung mit den Erfolgsmaß „Veränderung im Erleben und Verhalten (VEV)" zum Zeitpunkt 2,5 Jahre korreliert.

Tab. 20 Korrelation GI/VEV zum Zeitpunkt der 2,5 Jahresbefragung

	Gesamtwert Identifikation (GI) Zeitpunkt 2,5 Jahre
VEV Zeitpunkt 2,5 Jahre	$r = 0,17$ ($p = 0,36$)

Ergebnis:

Für den Bereich „Internalisierung", gemessen im Gesamtwert GI, und dem Erfolgsmaß VEV zeigten sich **keine** bedeutsamen Korrelationen.

5.4.6 Katamnese-Interview

Bei den Patienten, die eine verhaltenstherapeutische Therapie aufgesucht hatten, konnten 20 von 31 Patienten interviewt werden. Die im Vergleich zur sonstigen Wiederbefragungsrate niedrige Beteiligung erklärt sich daraus, daß die Patienten nur begrenzt Therapiestunden hatten und so bereits länger der Kontakt zum Therapeut beendet war (7 der VT-Patienten hatten die Therapie vor dem 2,5-Jahreszeitpunkt beendet, 5 Patienten vor dem 3,5-Jahreszeitpunkt). Ein Selektionseffekt für die Merkmale Alter, Diagnose und Schulbildung sowie Therapiedauer in Stunden/Monaten, globale Beeinträchtigung der Leistungsfähigkeit zu Beginn der Behandlung, vorhergehende psychotherapeutische Behandlungen, Zufriedenheit mit der Therapie ist **nicht** erkennbar (t-Test; Mann-Whitney-Test).

Das Katamnese-Interview bestand aus zwei Teilen. Im ersten Teil wurden die Patienten um detaillierte Einschätzungen gebeten, die der Interviewer zusammenfassend dokumentierte. Im zweiten Teil gab der Interviewer nach dem Interview seine eigene Einschätzung kurz wieder. Die Stärke der Veränderungen wurde eingeschätzt auf einer Skala von:

- - 2: deutlich verschlechtert
- - 1: etwas verschlechtert
-   0: unverändert
- +1: etwas gebessert
- +2: deutlich gebessert

Die Zufriedenheit wurde eingeschätzt auf einer Skala von:

- - 2: deutlich unzufriedener
- - 1: eher unzufrieden
-   0: unverändert
- +1: eher zufriedener
- +2: deutlich zufriedener

Die meisten Patienten erklärten sich damit einverstanden, daß die Interviews auf Tonbändern mitgeschnitten wurden. 14 Tonbanddokumente liegen vor (in einigen Fällen kam es leider durch technische Mängel zu keiner Aufnahme).

5.4.6.1 Einschätzung Patienten

* **Veränderung im beruflichen Bereich seit Therapiebeginn**

Positive Veränderungen im beruflichen Bereich gaben 75 % der VT-Patienten an. Die Leistungsfähigkeit hatte sich nach Angaben der Patienten „etwas gebessert". Die Patienten beschrieben sich im beruflichen Bereich als „etwas zufriedener" bis „deutlich zufriedener".

Gesamtprojekt der "Frankfurt-Hamburger Langzeitpsychotherapiestudie":

Es läßt sich aus den Daten des Katamnese-Interviews kein gravierender Unterschied zwischen VT-Patienten und den von BROCKMANN (2000) untersuchten tiefenpsychologisch/analytisch behandelten Patienten herauslesen, wohl aber einige signifikant unterschiedliche Einzelergebnisse. Hier eine kurze Zusammenstellung:

* TP/PA-Patienten gaben signifikant häufiger positive Veränderungen im beruflichen Bereich an ($p=0,01$ / Chi-Quadrat-Test) und beantworteten die Aussage: „Die Wirksamkeit von Psychotherapie ist am größten in den ersten 30 Sitzungen" häufiger mit „Nein"

* VT-Patienten hatten signifikant mehr Kuraufenthalte während der Therapie ($p=0,02$ / Chi-Quadrat-Test) und konsumierten laut eigener Einschätzung sowohl retrospektiv zu Therapiebeginn als auch aktuell zum Interviewzeitpunkt mehr an Medikamenten ($p=0,02$ bzw. $p=0,01$/ Chi-Quadrat-Test)

* **Veränderungen im Partnerbereich seit Therapiebeginn**

Veränderungen im Partnerbereich gaben 85 % der Patienten an, die eine verhaltenstherapeutische Behandlung aufgesucht hatten. 65 % lebten z. Zt. des Interviews in einer partnerschaftlichen Beziehung. Die Patienten beschrieben sich mit der partnerschaftlichen Situation im Vergleich zu Therapiebeginn „eher zufriedener".

* **Veränderungen in den Beziehungen zu anderen Menschen des Umfeldes (z. B. Familie, Freunde, Bekannte, Kollegen) seit Therapiebeginn**

Veränderungen in den Beziehungen zu anderen Menschen gaben 90 % der Patienten an, die eine verhaltenstherapeutische Behandlung aufgesucht hatten. Die Patienten sind in Beziehungen zu anderen Menschen in ihrem Umfeld im Vergleich zu Therapiebeginn „eher zufriedener".

- **„Wie lange konnten Sie im letzten Jahr aufgrund von Beschwerden ihre alltägliche Arbeit (hiermit ist auch gemeint als Hausfrau, Student, Schüler) <u>nicht</u> nachgehen?"**

Im Durchschnitt konnten die Befragten im letzten Jahr ihrer alltäglichen Arbeit für 4,0 Wochen nicht nachgehen (s=6.81).

- **Beziehen Sie Rente/Zeitrente, haben einen Rentenantrag gestellt oder wollen dies tun?**

Auf diese Frage antworteten die Patienten in den folgenden Häufigkeiten: 95 % mit „Nein" und 5 % (= 1 Person) mit „ja, nach Therapiebeginn".

- **Kuraufenthalte seit Therapiebeginn**

40 % der Patienten (N = 8), die eine verhaltenstherapeutische Behandlung aufgesucht und sich am Katamnese-Interview beteiligten hatten, unterzogen sich nach Therapiebeginn einer Kurmaßnahme. Die 8 Patienten gaben im Durchschnitt 1,1 Kuraufenthalte an mit einer durchschnittlichen Dauer von 8,5 Wochen.

- **Im Interview wurde erneut nach dem Gebrauch von Psychopharmaka gefragt: Retrospektiv der Gebrauch zu Therapiebeginn und aktuell zum Interviewzeitpunkt.**

Tab. 21 Gebrauch von Psychopharmaka: retrospektiv und aktuell

	kein Gebrauch	Gebrauch	davon: seltener Gebrauch	davon: häufiger Gebrauch
Therapiebeginn (retrospektiv)	47% (64%)	53% (35%)	9%	24%
Katamnese-Interview (aktuell)	42%	58%	37%	21%
Die in Klammern aufgeführten Prozentzahlen beziehen sich auf die Angaben im Klinischen Interview SKID zu Therapiebeginn				

Die Häufigkeit des Psychopharmakagebrauchs in der Behandlungsgruppe der VT-Patienten ist auch zum Zeitpunkt des Katamnese-Interviews hoch und unterscheidet sich nicht wesentlich von den Ergebnissen aus dem Eingangsinterview SKID, wenn auch retrospektiv die Patienten im Katamnese-Interview weitaus stärkeren Gebrauch angaben, als die Interviewer zu Beginn der Behandlung notierten. Bei der Interpretation der Kategorie „häufiger Gebrauch" kann nicht zwingend davon ausgegangen werden, daß der Patient hier eine kontinuierliche medikamentöse Behandlung angab.

- **Wurde (tatsächlich) eine neue Psychotherapie begonnen?**

3 % der Patienten (N=1) gaben im Katamnese-Interview an, daß eine neue Therapie begonnen wurde Dieses steht im scheinbaren Widerspruch zu den unter 5.4.5.2 referierten Patientenaussagen, die man aber als eine Art „Absichtserklärung" interpretieren kann.

- **Es gibt die Aussage: „Die Wirksamkeit von Psychotherapie ist am größten in den ersten 30 Sitzungen."**

Die zitierte Aussage ist ein Ergebnis der empirischen Psychotherapie-Forschung (HOWARD et al.,1986). Hierauf antworteten 50 % der Patienten, die eine verhaltenstherapeutische Behandlung aufgesucht hatten, mit „Ja". Aber auch bei den mit „Ja" antwortenden Patienten wird nicht die Möglichkeit ausgeschlossen, daß weiterer Profit aus der Therapie, z.B.im Sinne einer Verfestigung des Erreichten, auch jenseits der 30.Std. hinaus möglich oder überhaupt erst denkbar ist.

- **Veränderungen in den Hauptbeschwerden, die den Patient in die Behandlung führten, im Vergleich zu der Zeit vor der Behandlung.**

Die Patienten schätzten die Hauptbeschwerden als „deutlich gebessert" ein (in einer 5-stufigen Kategorie, abgestuft von „deutlich verschlechtert" über „nicht verändert" bis zu „bin beschwerdefrei").

5.4.6.2 Klinische Einschätzung des Interviewers

Im Anschluß an das Katamneseinterview
gab der Interviewer selbst ein Urteil über
die Veränderungen jedes Patienten ab (vgl.
Anhang S.XXVII). Der Interviewer hatte
keine Information aus dem Anfangsinter-
view von den Therapeuten erhalten oder ei-

> Gesamtprojekt der "Frankfurt-Hamburger Lang-
> zeitpsychotherapiestudie"
>
> Hier zeigte sich, daß die Interviewer tiefenpsycholo-
> gisch/analytisch behandelte Patienten (BROCK-
> MANN, 2000) bezüglich der an sie im Katamnese-
> Interview gestellten Fragen insgesamt signifikant
> „gebesserter" einschätzten (Mann-Whitney-Test).

nen Einblick in Unterlagen nehmen können. Er stützte sich in seinem Urteil allein auf die Informationen und den Eindruck, den er vom Patienten während des Interviews gewonnen hatten.

- **Wie hoch schätzten Sie (Interviewer) den Anteil der Therapie an den Veränderungen
  seit Therapiebeginn, unabhängig von der Meinung des Patienten, ein?**

  Bei den VT-Patienten schätzte der Interviewer: „Einen mittleren bis großen" Anteil ein
  (Antwortalternativen: Von „einen großen Anteil" bis „überhaupt keinen Anteil" in 4 Stufen).

- **Veränderungen im Erleben und Verhalten
  Veränderung im zwischenmenschlichen Bereich
  Veränderungen im Symptombereich**

  Eine vergleichende Übersicht zeigt Abb.15

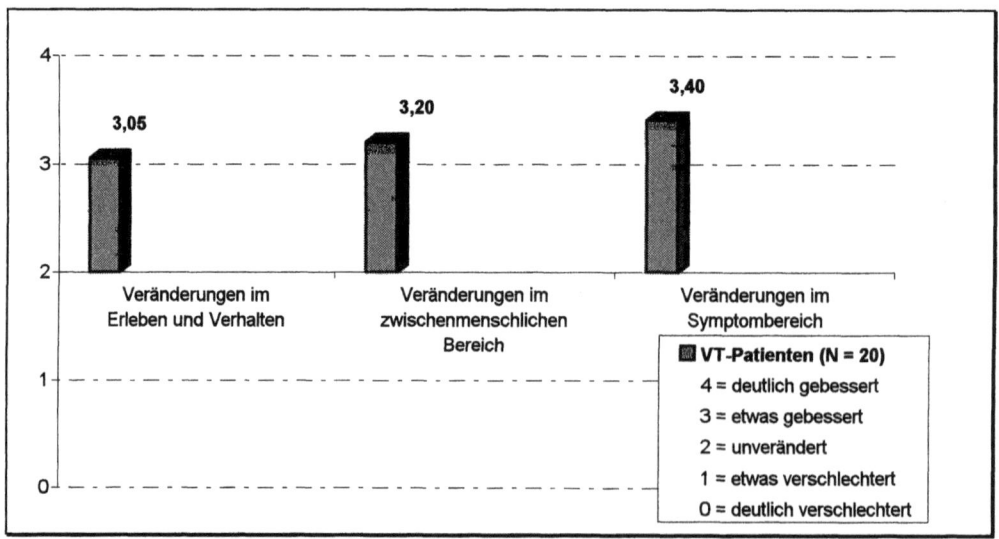

Abb. 15 Übersicht der mittleren Veränderungen im Erleben und Verhalten, im zwischenmenschlichen
Bereich und im Symptombereich

In allen Bereichen wurden die verhaltenstherapeutisch behandelten Patienten vom Interviewer im Mittel „etwas bis deutlich gebessert" eingeschätzt.

Resümee: Die Ergebnisse zeigen aus Patientensicht und aus der Perspektive eines unabhängigen Dritten deutlich positive Veränderungen in den erfragten Dimensionen.

5.4.7 Störungsspezifische Ergebnisse (depressive Erkrankungen)

Um die Fragestellung zur Indikation und Wirksamkeit verhaltenstherapeutischer Langzeittherapien bei der Behandlung depressiver Erkrankungen beantworten zu können, wird in den nächsten drei Abschnitte anhand der Testinstrumente SCL-90-R und IIP-D der Therapieverlauf derjenigen Patienten dargestellt, die aufgrund einer Diagnose aus dem Formenkreis „Depression" behandelt wurden. Um Bias-Effekte zu vermeiden, wurden dabei die 2 Patienten mit der doppelten Diagnose „Angst und Depression" (gemäß DSM-III-R, Achse 1) nicht berücksichtigt.

5.4.7.1 Depression: Veränderungen in der Symptomatik (SCL-90-R)

Die Abb.16 zeigt den Verlauf des Gesamtwerts GSI der Teilstichprobe „Depression" über die 4 Meßzeitpunkte. Es ergibt sich eine deutliche Reduzierung der Symptomatik mit hochsignifikanten Veränderungen im hier dargestellten Gesamtwert GSI.

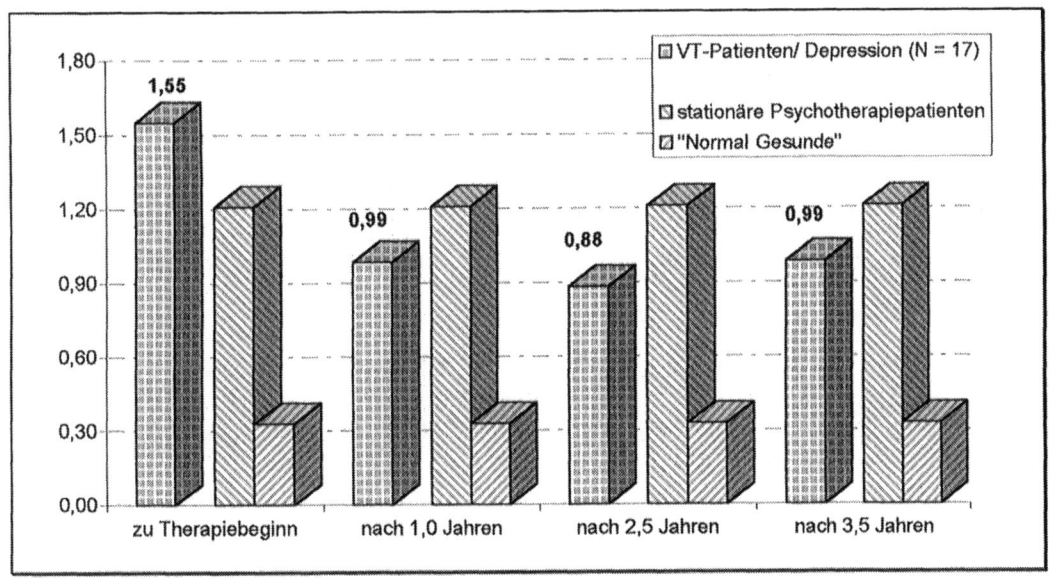

Abb. 16 Verlauf des Gesamtwerts GSI der Teilstichprobe „Depression" über die 4 Meßzeitpunkte

Für den Zeitpunkt 3,5 Jahre nach Therapiebeginn sind der Gesamtwert GSI und die Werte in 3
Skalen in Abb.17 dargestellt. Die Veränderungen über die Meßzeitpunkte in jedem der ange-
messenen Faktoren „Depressivität", „Ängstlichkeit" und „phobische Angst" haben einen ähnlichen Verlauf wie der des Gesamtwerts GSI (s.Abb.16).

Die Werte für die einzelnen Zeitpunkte und die aller Skalen sind im Anhang aufgeführt
(vgl. S.V).

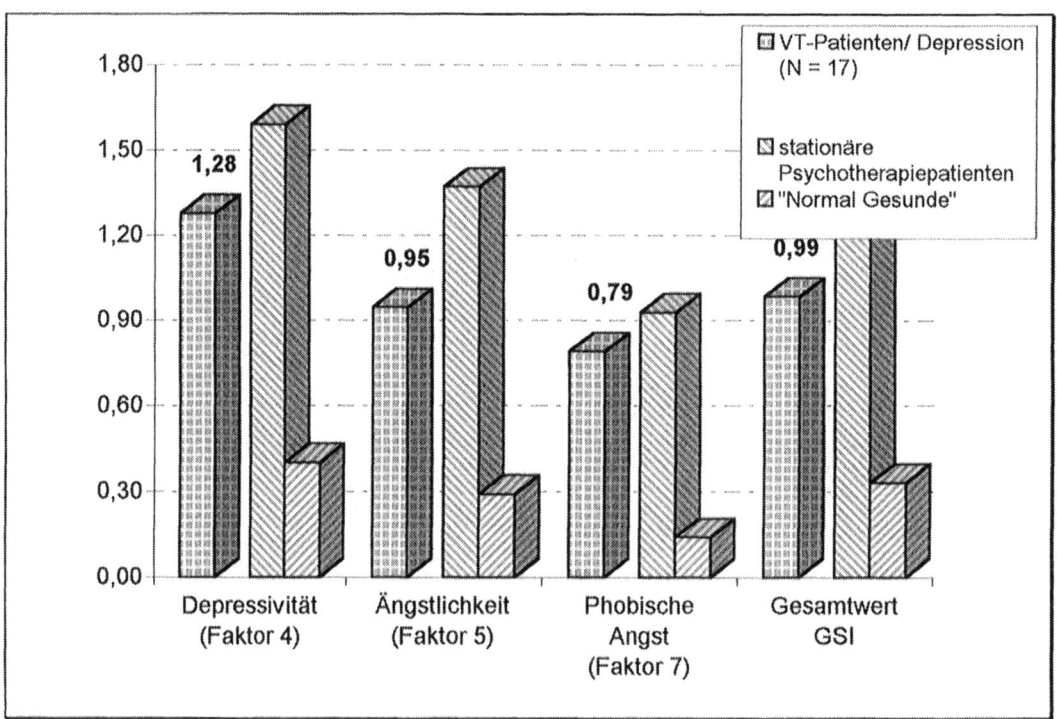

Abb.17 Ausprägung der Faktoren „Depressivität", „Ängstlichkeit" und „Phobische Angst" sowie des Gesamtwerts GSI der VT-Patienten mit depressiver Problematik nach 3,5 Jahren (und Referenzdaten)

Bei Durchführung einer 1-faktoriellen Varianzanalyse mit Meßwiederholung über die Meßzeit-
punkte 0,0/1,0/2,5/3,5 Jahre (multivariat für die Skalen 1 bis 9, univariat für die einzelnen
Skalen und den Gesamtwert) wurden ebenfalls hochsignifikante Zeiteffekte festgestellt (vgl.
Anhang S.V).

5.4.7.2 Depression: Veränderungen in der interpersonalen Problematik (IIP-D)

Bei Durchführung einer 1-faktoriellen Varianzanalyse mit Meßwiederholung über die Meßzeit-punkte 0,0/1,0/2,5/3,5 Jahre (multivariat für die Skalen 1 bis 9, univariat für die einzelnen Skalen und den Gesamtwert) finden sich noch in 2 Skalen hochsignifikante Zeiteffekte (vgl. Anhang S.VI).

Die Mittelwerte, ipsatierten Werte und Standardwerte (Stanine) in den Skalen zum Zeitpunkt 0,0 und 3,5 Jahre wurden zum Vergleich in Tab. 22 zusammengefaßt.

Tab. 22 IIP Werte für VT-Patienten (Mittelwerte, ipsatierte Werte und Stanine) mit der Diagnose Depression zum Zeitpunkt 0,0 und 3,5 Jahre

Skalen	Zeitpunkt 0,0 Jahre			Zeitpunkt 3,5 Jahre		
	M	ipsatiert	Stanine	M	ipsatiert	Stanine
PA autokratisch/dominant	0,89	-6,32	3	0,91	-3,52	5
BC streitsüchtig/konkurrierend	1,16	-4,16	3	1,18	-1,36	5
DE abweisend/kalt	1,51	-1,36	5	1,25	-0,80	5
FG introvertiert/sozial vermeidend	1,79	0,88	5	1,43	0,64	5
HI selbstunsicher/unterwürfig	2,29	4,88	6	1,78	3,44	6
JK ausnutzbar/nachgiebig	2,15	3,76	6	1,40	0,40	4
LM fürsorglich/freundlich	2,25	4,56	7	1,71	2,88	5
NO expressiv/aufdringlich	1,43	-2,00	5	1,18	-1,36	5
IIP Gesamt	1,68	nicht ipsatiert	6	1,35	nicht ipsatiert	5

Die Standardwerte (Stanine) der VT-Patienten mit depressiver Problematik für die Meßzeit-punkte 0,0 und 3,5 Jahre sind in der folgenden Graphik in Bezug auf die Normstichprobe des IIP-D (N = 1335, davon Studenten (n=461), Psychotherapiepatienten.(n=506) und Rehabili-tanden nach Herzerkrankungen (n=368); HOROWITZ et al., 1994) dargestellt.

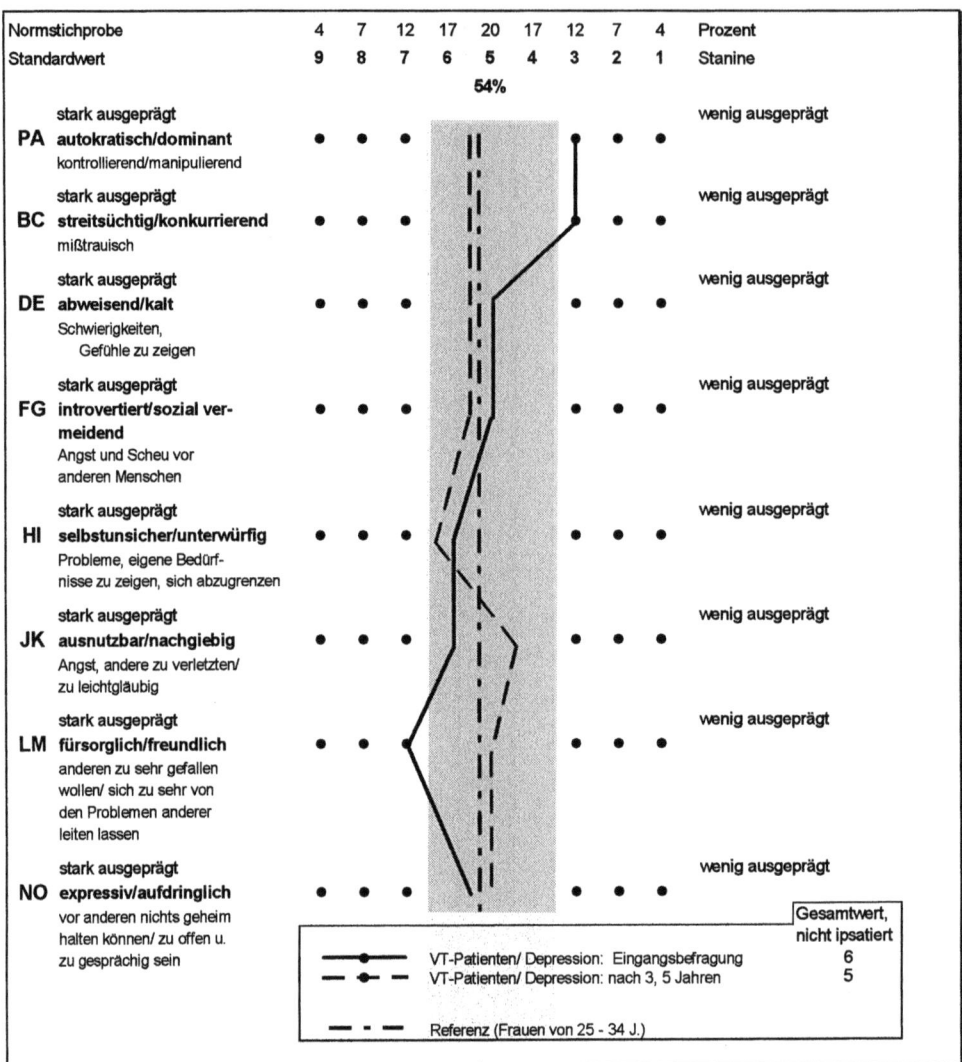

Abb. 18 Standardwerte (Stanine) der VT-Patienten mit depressiver Problematik für die
Meßzeitpunkte 0,0 und 3,5 Jahre in Bezug auf die Normstichprobe des IIP-D

Zum Zeitpunkt der Erstbefragung weichen die Patienten der Teil-Stichprobe in den Variablen
PA, BC sowie LM deutlich vom Normbereich ab; 3,5 Jahre nach Therapiebeginn liegen alle
Variablen im Normbereich.

5.4.7.3 Depression: Effektstärken für Veränderungen in der Symptombelastung (SCL-90) und in der interpersonalen Problematik (IIP-D)

Die Berechnung der Effektstärken für die Teil-Stichprobe depressiver Patienten zu den jeweiligen Meßzeitpunkten entspricht der Vorgehensweise (wie bereits beschrieben) in Abschnitt 5.4.3.

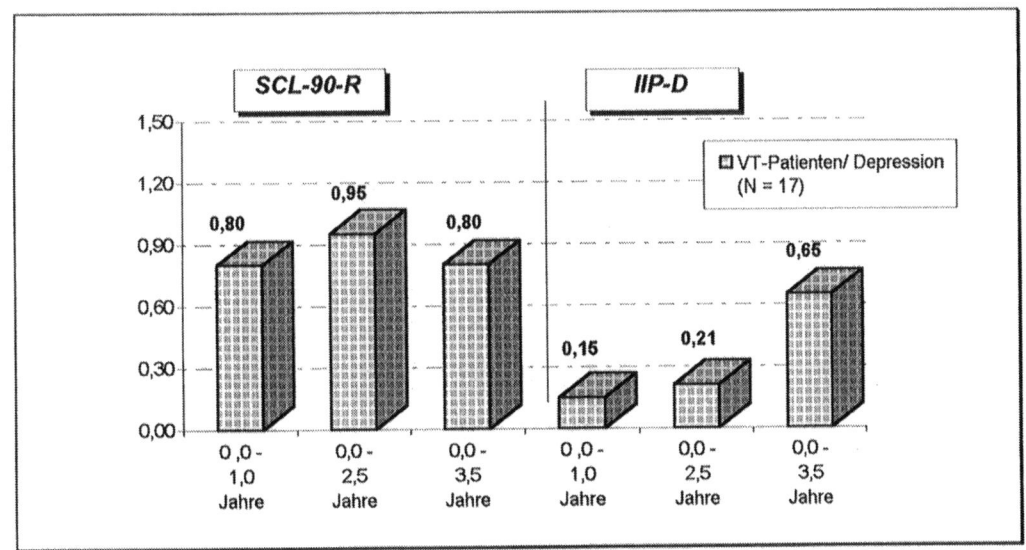

Abb. 19 Effektstärkenverlauf für den GSI der SCL-90-R sowie für den IIP-Mean des IIP-D der VT-Patienten mit depressiver Problematik; ES nach Formel = $(x^{post} - x^{prä})/ s^{prä}$

Der Verlauf der hier dargestellten Efekte für den Gesamtwert GSI und des IIP-Mean für depressive Patienten ähnelt dem der Gesamtstichprobe bei insgesamt niedrigerem Niveau. Die Effektstärken für alle Skalen zu den angegebenen Zeitpunkten sind im Anhang (vgl. S.VII) zu finden.

Die Effektstärken können für den Gesamtwert GSI der SCL-90-R bereits nach einen Jahr als gut bezeichnet werden, während der IIP-Mean des IIP-D erst zum Zeitpunkt der 3,5-Jahres-befragung langsam beginnt substantielles Niveau zu zeigen. Eine weiterführende Katamnese 6-7 Jahre nach Therapiebeginn könnte Aufschluß darüber geben, ob sich dieser Trend weiter entwickelt oder nicht.

6. Diskussion der Ergebnisse und Ausblick

Der Rahmen für die Bewertung und Diskussion der referierten Ergebnisse orientiert sich an den in Kapitel 2 formulierten Fragestellungen und Hypothesen. Soweit möglich, werden an den entsprechenden Stellen relevante Quellen und Hinweise erwähnt, um die gefundenen Ergebnisse dem Forschungsstand zuzuordnen.

> *Fragestellung A*
> *Welchen Verlauf und welche Wirkung haben verhaltenstherapeutische Langzeittherapien, angewandt bei Patienten mit depressiver und/oder Angst-Symptomatik und durchgeführt in freier Praxis ?*
>
> *Hypothese ad A*
> *Verhaltenstherapeutische Langzeittherapie hat einen positiven Zeiteffekt in Bezug auf Veränderung im Symptombereich, im interpersonalen Bereich sowie im Erleben und Verhalten.*

Die Patienten, die eine verhaltenstherapeutische Behandlung gewählt hatten, wiesen zu Beginn der Therapie eine sehr hohe allgemeine Symptombelastung in der **SCL-90-R** (GSI = 1,59) auf. Dieser Wert liegt im Bereich der Werte, wie er bei stationären Psychotherapiepatienten zu Beginn der Behandlung berichtet wird. Die Symptombelastung verringert sich über den Beob-achtungszeitraum signifikant in allen Skalen und im Gesamtwert des SCL-90-R. Die Symptombelastung, gemessen im Gesamtwert, verringert sich zunächst bis zum 2,5-Jahres-Zeitpunkt und bleibt auf annähernd demselben Niveau zum 3,5-Jahreszeitpunkt (GSI = 0,84).

Im **IIP-D**, einem Instrument zur Erfassung der interpersonalen Problematik, haben sich die VT-Patienten nach 3,5 Jahren im Gesamtwert und in einzelnen Skalen positiv verändert. Veränderungen in der interpersonalen Problematik traten wesentlich später auf als Veränderungen in der Symptombelastung. Einen ähnlichen Effekt berichten schon GELDER et al. (1967, s.Kapitel 3.1.1) für Patienten mit phobischer Symptomatik. Verhaltenstherapie („Desensitization") und psychodynamisch/psychoanalytisch orientierte Gruppentherapie bewirkten zwar gleiche Veränderungen in den zwischenmenschlichen Beziehungen, aber eine Besserung in diesem Bereich trat bei den Patienten mit verhaltenstherapeutischer Behandlung erst auf, nachdem sich die Symptome gebessert hatten.

Die ermittelten Effektstärken (**ES**) für die beiden Meßinstrumente liegen nach 3,5 Jahren für den GSI der SCL-90-R bei ES = 1,11, für den IIP-Mean des IIP-D bei ES = 0,87, jeweils berechnet nach der konservativen Formel $ES = (x^{post} - x^{prä})/ s^{prä}$. Verglichen mit einer Zusammenstellung bei LAMBERT et al.(1994) liegt dies weit über der mittleren Effektstärke einer Placebobehandlung (ES = 0,42), aber auch über der mittleren Effektstärke für Psychotherapie (ES = 0,82).

Im Verhalten und Erleben (**VEV**) wiesen die Antworten der VT-Patienten für jeden erfragten Zeitabschnitt auf hochsignifikant positive Veränderungen hin. Demgegenüber weist die **Anzahl der Arztbesuche/Tage im Krankenhaus pro Jahr** im Beobachtungszeitraum keine signifikant Veränderung auf; die hohe Streuung in der Anzahl der Krankenhaustage ($s=13,3$ bei einem Mittelwert von $M=5,64$ zum Meßzeitpunkt 3,5 Jahre) erklärt sich daraus, daß einige wenige Patienten (aufgrund somatischer Krise wie Risikoschwangerschaft etc.) eine sehr hohe Anzahl von Krankenhaustagen hatten. Aus den **Wiederbefragungsbögen** geht ferner hervor, daß die VT-Patienten im Mittel mit Verlauf sowie dem Verhältnis Nutzen/Aufwand der Therapie zufrieden bis sehr zufrieden waren. Nur sehr wenige glaubten, eine neue Therapie zu benötigen. Die Ergebnisse des **Katamnese-Interviews** zeigten aus Patientensicht und Perspektive eines unabhängigen Interviewers ebenfalls deutliche Veränderungen in der Symptomatik, der interpersonalen Problematik, der Partnerschaft, des Berufs und allgemein im Erleben und Verhalten. Der von vielen Therapieforschern vertretenen Ansicht, daß die ersten 30 Therapiestunden die größte Bedeutung für die Patienten haben, stehen die VT-Patienten zwiespältig gegenüber. Immerhin glauben 50 % (N=10) der am Katamnese-Interview teilnehmenden Patienten, daß in ihrer Therapie auch jenseits der 30.Stunde noch bedeutsame Veränderungen stattfanden.

Der **Verlauf** der verhaltenstherapeutischen Langzeittherapien war oft „ungeordnet", da es immer wieder zu Unterbrechungen wegen Schwangerschaft, Kuren bzw. zeitweiser Abwesenheit vom Wohnort aufgrund beruflicher Verpflichtungen kam. Bei Durchsicht der Patienten-Antworten auf die offenen Fragen im Interview fiel auf, daß die Patienten bei dem Rückblick auf die 3,5 Jahre, auf die sich das Interview bezog, häufig von bedeutenden Lebensereignisse berichteten. Die Patienten waren überwiegend in einem Alter (18 bis 45 Jahre), in dem bedeutende Lebensereignisse, wie z. B. Partnerwahl, Trennung vom Partner, Geburt eines Kindes, berufliche Entscheidungen etc. auch wahrscheinlich waren. Die Patientenaussagen erwecken den Eindruck, daß die Interaktion zwischen Lebensereignissen und Psychotherapie die Wirksamkeit der Behandlung unterstützte. Möglicherweise kann Psychotherapie häufig hierdurch seine Potenz erst entfalten. Der Nachweis eines klaren Ursache-Wirkungs-Zusammenhanges ist hier natürlich nicht zu erwarten.

Ein Drittel der verhaltenstherapeutisch behandelten Patienten erhielten zum Zeitpunkt der Erstbefragung eine psychotrope **Medikation**, aber auch die im Katamneseinterview befragten Patienten erhielten nach 3,5 Jahren oft noch eine medikamentöse Unterstützung. Ob eine Wechselwirkung zwischen den dokumentierten Therapieeffekten und der Medikation besteht ist aufgrund der erhobenen Daten denkbar, aber letztendlich nicht aufzuklären. Dennoch:

Nach Auswertung der Ergebnisse läßt sich die Hypothese eines *positiven Zeiteffektes verhal-*
*tenstherapeutischer Langzeittherapie (*angewandt bei Patienten mit depressiver und/oder
Angst-Symptomatik und durchgeführt in freier Praxis*) in Bezug auf Veränderung im Symptom-*
bereich, im interpersonalen Bereich sowie im Erleben und Verhalten in vollem Umfang auf-
rechterhalten.

> **Fragestellung A 1**
> *Ist die verhaltenstherapeutische Behandlungsgruppe*
> *zu Therapiebeginn in wesentlichen soziodemographi-*
> *schen Merkmalen der Symptombelastung, der interper-*
> *sonalen Problematik und weiteren Parametern der*
> *Krankheitsschwere mit unter ähnlichen Bedingungen*
> *gewonnenen Daten einer tiefenpsychologisch/ analy-*
> *tisch behandelten Behandlungsgruppe vergleichbar -*
> *d. h. nicht deutlich unterschiedlich ?*
>
> **Hypothese ad A 1**
> *Patienten, die verhaltenstherapeutische Langzeitthera-*
> *pie suchen bzw. ihr zugewiesen werden, sind mit tie-*
> *fenpsychologisch/ analytisch behandelten Patienten zu*
> *Behandlungsbeginn vergleichbar in Bezug auf wesent-*
> *liche soziodemographische Merkmale und in Bezug auf*
> *Symptomschwere, interpersonale Problematik und*
> *Parametern der Krankheitsschwere*

Entgegen der Erwartung waren die im
Gesamtprojekt "Frankfurt-Hamburger
Langzeitpsychotherapiestudie" untersuchten Gruppen in einer Reihe von wesentlichen Merkmalen bereits zum Zeitpunkt der Eingangsbefragung **nicht** ver-
gleichbar.

Die VT-Patienten unterschieden sich von
BROCKMANN's (2000) tiefenpsycholo-
gisch/analytisch behandelten Patienten
u.a.signifikant in folgenden Bereichen:

- **Bildungsstatus**

  Der Bildungsstatus der VT-Patienten ist im Mittel deutlich niedriger

- **Gründe für die Therapiewahl**

  Die VT-Patienten kamen sehr viel häufiger durch ärztliche Zuweisung in die Therapie

- **Einnahme von Psychopharmaka vor der Behandlung**

  ist deutlich höher bei den VT-Patienten

Symptombelastung

- der VT-Patienten ist erheblich höher

Dies Ergebnis überrascht zunächst, wenn man berücksichtigt, daß die Resultate vieler Studien,
die experimentell gleiche Anfangsbedingungen schaffen, implizieren, daß sie auf naturalistische
Bedingungen übertragbar sind. Allerdings dokumentieren die Untersuchungen von LINDEN
(1993) und RÜGER (1999) für die Verhaltenstherapie bzw.Psychoanalyse in der Kassenärztlichen Versorgung die Unterschiede des jeweils behandelten Klientels in wichtigen Parametern.

Die Psychotherapieforschung ist also aufgerufen, die Lücke zwischen bisherigem Forschungs-stand (Phase III) und „Studien im Feld" (Phase IV) zu schließen.

Gibt es nun vorläufig eine Erklärung für den Zusammenhang zwischen hoher Symptombelastung und Medikamentenkonsum, relativ niedrigem Bildungsstatus sowie Therapiewahl im naturalisti-schen Design ? M.E. spielen hierbei die delegierenden Ärzte eine große Rolle. Im Rahmen der vorliegenden Arbeit wurden einige der beteiligten Ärzte gefragt, nach welchen Kriterien sie Pati-enten wohin überweisen. Die unspezifische Antwort war: „Wenn ein Patient richtig krank ist, schicke ich ihn/sie zum Verhaltenstherapeuten." Der sehr hohe Wert in der allgemeinen Sym-ptombelastung der VT-Patienten zu Therapiebeginn (GSI = 1,59) unterstreicht, daß auch tat-sächlich diese „sehr kranken" Patienten in die verhaltenstherapeutische Behandlungsgruppe fan-den. Weiterhin stimme ich mit BROCKMANN (2000) überein, daß die Wechselwirkung zwi-schen hohem/höchsten Bildungsniveau und der Aufnahme einer tiefenpsychologisch/ psycho-analytisch orientierten Behandlung auch für das Zustandekommen der Stichproben im Rahmen des Gesamtprojekts der "Frankfurt-Hamburger Langzeitpsychotherapiestudie" bedeutsam war.

Fazit: Nach Durchsicht und Bewertung der vorliegenden Ergebnisse des Gesamtprojekts der "Frankfurt-Hamburger Langzeitpsychotherapiestudie" muß die Hypothese von der *Vergleich-barkeit der Behandlungsgruppen zu Behandlungsbeginn bezüglich wesentlicher soziodemogra-phischer Merkmale und Symptomschwere* zurückgewiesen werden.

Fragestellung A 2
Gibt es bedeutsame Unterschiede in Verlauf und Wir-kung von verhaltenstherapeutischen Langzeittherapi-en gegenüber Verlauf und Wirkung von tiefenpsycho-logisch/analytisch orientierten Langzeittherapien ?

Hypothese ad A 2
Es gibt wesentliche Unterschiede in Verlauf und Wir-kung von verhaltenstherapeutischen Langzeittherapi-en gegenüber Verlauf und Wirkung von tiefenpsycho-logisch/analytisch orientierten Langzeittherapien.

Auch wenn die Patientengruppen nicht ver-gleichbar sind, wie die Diskussion der Hypo-these zur Fragestellung A 1 bewies, ist den-noch von Interesse zu explorieren, ob sich die untersuchten Behandlungsgruppen im natura-listischen Design bezüglich Verlauf und Wir-kung der jeweiligen Therapieform unter-schieden. Hierzu zunächst eine Gegenüber-stellung der Daten zur Symptombelastung und interpersonalen Problematik der Behandlungs-gruppen, dargestellt als Effektstärkenverlauf (Die Daten der tiefenpsychologisch/analytisch be-handelten Untersuchungsgruppe stammen von BROCKMANN (2000)).

Tab. 23 Effektstärken(ES)-Verlauf des Kennwertes GSI der SCL-90-R und des Gesamtwertes des IIP-D für beide Behandlungsgruppen der "Frankfurt-Hamburger Langzeitpsychotherapiestudie"

	SCL-90-R			IIP-D		
	Zeitraum 0,0 - 1,0 Jahr	Zeitraum 0,0 - 2,5 Jahre	Zeitraum 0,0 - 3,5 Jahre	Zeitraum 0,0 - 1,0 Jahr	Zeitraum 0,0 - 2,5 Jahre	Zeitraum 0,0 - 3,5 Jahre
VT-Patienten	1,00	1,13	1,11	0,34	0,36	0,87
TP/PA Patienten	0,82	1,18	1,37	0,14	0,91	1,19

Effektstärke nach Formel: $ES = (x^{post} - x^{prä}) / s^{prä}$

Während der Effektstärkenverlauf des Kennwertes GSI der SCL-90-R für die Behandlungsgruppen nicht signifikant voneinander abweicht, unterscheiden sich diese bezüglich des Effektstärkenverlaufs für den Gesamtwert des IIP deutlich: Patienten, die eine tiefenpsychologisch/analytische Behandlung gewählt hatten, entwickelten substantielle Effekte zwischen der 1,0-Jahres- und 2,5-Jahresbefragung, solche substantiellen Veränderungen stellten sich bei den VT-Patienten erst zwischen der 2,5- und der 3,5-Jahresbefragung ein. Eine spürbare Verbesserung der interpersonalen Problematik stellte sich also für die VT-Patienten ein, nachdem 52 % (N = 16) ihre Therapie schon beendet hatten. Dieser Verlauf unterstützt das sog."Phasenmodell psychotherapeutischer Veränderung" von LUEGER (1995), nämlich der Chronologie von der Symptombesserung zur allgemeinen Verbesserung des Funktionsniveaus in bestimmten Lebensbereichen.

Tab. 24 SCL-90-R Gesamtwert GSI über die Meßzeitpunkte für beide Behandlungsgruppen der "Frankfurt-Hamburger Langzeitpsychotherapiestudie"

	Befragungszeitpunkt (in Jahren)			
	0,0	1,0	2,5	3,5
VT-Patienten	1,59	1,00	0,91	0,84
TP/PA Patienten	0,96	0,60	0,44	0,35

Ein weiterer Unterschied besteht darin, daß der Kennwert GSI der SCL-90-R bei VT-Patienten, ausgehend von einem sehr viel höheren Niveau, dann nach 3,5 Jahren etwa das **Ausgangsniveau** der tiefenpsychologisch/analytisch behandelten Stichprobe erreicht. Ich betrachte dies als weiteren Hinweis darauf, daß sich in naturalistischen Studien wie der "Frankfurt-Hamburger Langzeitpsychotherapiestudie" die Tendenz abbildet, daß hoch symptombelasteten Patienten von wichtigen Indikationsstellern (Ärzten) Verhaltenstherapie nahegelegt wird.

Die verhaltenstherapeutischen Langzeittherapien waren nach 3,5 Jahren zu 84 % beendet, die tiefenpsychologisch/analytischen Langzeittherapien erst zu 58 % (BROCKMANN, 2000). Erstaunlicherweise wurden aber noch 5 VT-Patienten (= 16 %) im Rahmen der Kassenärztlichen Versorgung auch noch nach 3,5 Jahren weiterbetreut. Mindestens 3 Therapien liefen weiter aufgrund eines „Sonderantrags" an die Vertragskassen zur weiteren Kostenübernahme über die 80.Stunde hinaus, der vom verantwortlichen Gutachter befürwortet wurde. Aber selbst unter Berücksichtigung dieses außergewöhnlichen „Extra-Kontingents" an Therapiestunden wurden VT-Patienten nach einer stundenintensiven ersten Phase im weiteren Verlauf eher niederfrequent, aber oft über einen erstaunlich langen Zeitraum behandelt.

Fazit: Wie die Hypothese zur Fragestellung A 2 postuliert, *gibt es wesentliche Unterschiede in Verlauf und Wirkung von verhaltenstherapeutischen Langzeittherapien gegenüber Verlauf und Wirkung von tiefenpsychologisch/analytisch orientierten Langzeittherapien.*

Fragestellung B
Ist verhaltenstherapeutische Langzeittherapie unter den Praxisbedingungen niedergelassener Therapeuten bei der Behandlung depressiver Erkrankungen indiziert?

Hypothese ad B
Verhaltenstherapeutische Langzeittherapie unter den Praxisbedingungen niedergelassener Therapeuten ist indiziert bei der Behandlung depressiver Erkrankungen.

Die Therapien derjenigen VT-Patienten, die aufgrund einer depressiven Problematik mit Langzeittherapie behandelt wurden, zeigt den nun schon mehrfach erwähnten phasischen Verlauf, der erst symptomatische Erleichterung und dann interpersonalen Fortschritt zeigt. Dementsprechend fallen die Erfolgsmaße für die symptomorientierte SCL-90-R günstiger aus als für den IIP-D. Die Teil-Stichprobe läßt signifikante Besserung in der Symptomatik und zum Zeitpunkt der 3,5-Jahresbefragung auch erstmals in der interpersonalen Problematik erkennen, bei insgesamt geringerem Fortschritt im Vergleich zur Gesamtstichprobe. Die depressiven Patienten empfanden die Beziehung zu Personen ihres Umfelds also erst dann gebessert, nachdem eine im Vergleich zur Kurzzeittherapie „hohe" Therapiedosis appliziert und mehr als 2,5 Jahre seit Therapiebeginn vergangen waren.

Wie läßt sich dies vereinbaren mit der bekannten HOWARD-Studie von 1986, in der gezeigt wurde, daß 74 % aller Psychotherapie-Patienten nach 26 Stunden wesentlich „gebessert" sind und jenseits dieser Stundenzahl der therapeutische Fortschritt immer geringfügiger wird ? HOWARD et.al. (1986) drückten den therapeutischen Erfolg der analysierten Studien nur dichotom als „gebessert" oder „nicht gebessert" ohne weitere Differenzierung bezüglich Art und Umfang der Problematik aus. In einer späteren Studie von KOPTA et al. (1994), in der 854 Psychotherapiepatienten untersucht wurden, ergab sich ein wesentlicher Zusammenhang zwischen Therapiedosis und bestimmten Problemfeldern. Die Autoren fanden, daß sich akute Streßsymptome rasch abbauen ließen, während chronische Streßprobleme und vor allen Dingen kritische Persönlichkeitszüge nur sehr viel langsamer erfolgreich zu behandeln waren. Diese Erkenntnis bestätigt sich durch die Ergebnisse der vorliegenden Studie: Symptomatisch und interpersonell stark belastete depressive Patienten benötigen ein erheblich höheres Aufkommen an Stunden und Zeit, um zu einem spürbaren Therapieerfolg zu gelangen.

Die Hypothese von der berechtigten *Indikation verhaltenstherapeutischer Langzeittherapie bei der Behandlung depressiver Erkrankungen und durchgeführt unter den Praxisbedingungen niedergelassener Therapeuten* läßt sich aufgrund der vorliegenden Ergebnisse beibehalten.

Im Interesse einer optimalen Betreuung schwer depressiver (und anderer) Patienten ist eine möglichst frühe adäquate Einschätzung der Problematik wichtig. Hierzu ist neben der therapeutischen Erfahrung der Einsatz geeigneter Instrumente während der diagnostischen Phase zu Therapiebeginn von Bedeutung, wie es die entsprechenden Leitlinien auch vorsehen. Ist eine komplexe Problematik (Auf Achse 1 bzw.2 des DSM-III/IV-R) festgestellt worden, ist eine nutzbringende und letztendlich auch „wirtschaftliche" Behandlung nur möglich durch stunden- und zeitintensive Behandlung.

Ausblick

Zum gegenwärtigen Zeitpunkt liegt keine geeignete Basisdokumentation im deutschsprachigen raum vor, die aufgrund umfangreicher Datenlage die qualitative Einordnung der hier vorgelegten Untersuchung zu Verlauf, Wirkung und differentiellen Effekten verhaltenstherapeutischer Langzeittherapien (im Rahmen des Gesamtprojekts der "Frankfurt-Hamburger Langzeitpsychotherapiestudie") erlauben würde. Es bleibt zum jetzigen Zeitpunkt unbeantwortet, ob die bisher vom Bundesausschuß der Ärzte und Krankenkassen favorisierte PSY-BA-DO von HEUFT et al. (1998) diesem Anspruch gerecht werden kann. Sollte die umfangreiche PSY-BA-DO als therapiebegleitende Qualitätskontrolle zur Pflicht für ambulante und stationäre Psychotherapie werden, ist m.E.nur dann mit wirklich repräsentativen Daten zu rechnen, wenn für die Leistungserbringer im ambulanten Bereich der zusätzliche Aufwand in geeigneter Form honoriert wird.

Nachdem die Datenerhebungs- und Auswertungsphase für die "**Verhaltenstherapeutische Langzeittherapie in der Praxis niedergelassener Therapeuten - Verlauf, Wirkung und differentielle Effekte**" beendet ist, drängen sich natürlich Fragen und damit Themen für weiterführende Untersuchungen auf:

- Die Eingangsdiagnostik könnte um ein Instrument wie das SKID-II (WITTCHEN et al., 1993) zur Abklärung von Persönlichkeitsstörungen erweitert werden. Es ließen sich dann z.B. zwei oder mehr Behandlungsgruppen mit/ohne Persönlichkeitsstörung bilden und der jeweilige Verlauf und die Wirkung verhaltenstherapeutischer Langzeittherapie verfolgen. Außerdem sollte bei entsprechender Planung ein Weg gefunden werden, wie der Einfluß psychotroper (Dauer)medikation auf Verlauf und Wirkung der beforschten Therapien bestimmt werden könnte.

- Die verhaltenstherapeutischen Langzeittherapien waren zunächst fast alle Kurzzeittherapien, die schließlich in Langzeittherapie umgewandelt wurden. Selbstverständlich wurden auch viele Patienten mit der eingesetzten Testbatterie erstbefragt, deren Therapie im Rahmen des Kurzzeitkontingents beendet wurde. Ob sich diese Patienten wesentlich von den untersuchten Langzeittherapie-Patienten hinsichtlich soziodemographischer Merkmale sowie Symptombelastung, der interpersonalen Problematik etc., aber auch in Verlauf und Wirkung unterscheiden, könnte in einer weiteren Studie untersucht werden.

Um die Ergebnisse der "Frankfurt-Hamburger Langzeitpsychotherapiestudie" hinsichtlich solch wichtiger Aspekte wie möglicher weiterer Änderung der untersuchten Patienten, aber auch Stabilität der erreichten Modifikationen bzw.Rückfall zu überprüfen, entschlossen sich die Autoren zu einer weiteren katamnestischen Wiederbefragung bezüglich Symptombelastung, interpersonaler Problematik sowie Erleben und Verhalten etwa 7 Jahre nach Therapiebeginn.

Diese Ergebnisse werden zu gegebener Zeit veröffentlicht werden.

AHCPR: *Using Clinical Practice Guidelines to Evaluate Quality of Care. Volume I : Issues, Volume II: Methods.* U.S.Department of, Health and Human Services (Hg.), Rockville, AHCRP Publication No 95-0045/46, 1995

Aster, M.v.: *Behavior Therapy in Practice: Evaluation of 633 Case Reports.* German Journal of Psychology, 14(1), 1990, S. 1-12

AWMF: *Vorläufige Übersicht der elektronisch publizierten Leitlinien für Diagnostik und Therapie der Abeitsgemeinschaft wissenschaftlich-medizinischen Fachgesellschaften.* Zusammengestellt von K.H.Vosteen und W.Müller. Stand: 23.10.1998, Bde.1-4, 1998

Beck, A. /Freeman, A. & Associates: *Cognitive Therapy of Personality Disorders.* New York, The Guildford Press, 1990

Bergin, A.E./Garfield, S.L.: *Handbook of Psychotherapy and Behavior Change.* Bergin, Allen E./Garfield, Sol L. (Hg.), 4th edition, New York, John Wiley & Sons, Inc, 1994

Bortz, J.: *Statistik für Sozialwissenschaftler.* Berlin, Springer, 1993

Bortz, J./Döring, N.: *Forschungsmethoden und Evaluation.* Berlin, Springer, 1995

Brockmann, J.: *Psychoanalytisch orientierte Langzeittherapien in der Praxis niedergelassener Therapeuten - Eine empirische Studie: Verlauf, Effekte und Vergleiche.* Unveröffentlichte Dissertation, Universität Hamburg, 2000

Brosius, F./Brosius, G.: *SPSS Base Sytem und Professional Statistics.* Bonn, International Thomson Publishing, 1995

Consumer Report: *Consumer Report Study: Mental health - Does Therapy help ?* 1995, Seiten 734-739

Crits-Christoph, P./Barber, J.P.: *Long-Term Psychotherapy.* Unveröffentlichtes Manuskript, erscheint in: Handbook of Psychological Change: Psychotherapy Processes and Practices for the 21st Century. Ingram, R.E./Snyder, C.R. (Hg.), New York, John Wiley & Sons, Inc, 2000

Davies-Osterkamp, S./Schmitz, N./Strauß, B.: *Interpersonal Problems as Predictors of Symptom Related Outcome in Longterm Psychotherapy.* Psychotherapy Research, Band 6, 1996, S. 164-176

Derogatis, C.R.: *SCL-90-R. Administration, Scoring & Procedures.* Manual-I for the (R)evised Version and other Instruments for Psychopathology Rating Scales Series. John-Hopkins University School of Medicine

Franke, G.H.: *SCL-90-R. Die Symptom-Check-List von Derogatis.* Deutsche Version. Beltz Test, Weinheim, 1995

Franke, G.H.: *Eine weitere Überprüfung der Symptom-Check-List (SCL-90-R) als For-schungsinstrument.* Diagnostica, Band 38, 1992, S. 160-167

Grawe, K./Dziewas, H./Kohagen, G./Wedel, S./Weisflog, R./Winter, R.: *Die langfristigen Auswirkungen von Gruppen-Assertiveness-Training bei psychiatrischen Patienten.* Ullrich, R./Ullrich de Muynck, R./Grawe, K./Zimmer, D.(Hg.), Soziale Kompetenz, Band 2, München, J.Pfeiffer, 1980, S. 65-89

Grawe, K.: *Schema-Theorie und Heuristische Psychotherapie.* Forschungsbericht 2/86, 2.Auflage 1/87. Bern: Psychologisches Institut der Universität,1986

Grawe, K./Bernauer, F./Donati, R.: *Psychotherapie im Wandel.* Von der Konfession zur Profession. Göttingen, Hogrefe, 1994

Geller, J.D./Cooley, R.S./Hartley, D.: *Images of the Psychotherapist:* A theoretical and me-thodological perspective. Imagination, Cognition and Personality, Band 1, Nr. 2, 1982, S. 123-146

Hartmann, A.: *Therapie zwischen den Stunden.* Frankfurt, P-Lang GmbH. Europäischer Verlag der Wissenschaften, 1997

Hartmann, A./Herzog, Th.: *Varianten der Effektstärkenberechnung in Meta-Analysen: Kommt es zu variablen Ergebnissen ?* Zeitschrift für Klinische Psychologie, Band 24, 1995, S.337-343

Hautzinger, M.: *Zur Wirksamkeit von Psychotherapie bei Depressionen.* Psychotherapie in Psychiatrie, Psychotherapeutischer Medizin und Klinischer Psychologie, Band 3, 1998, S.71-80

Hautzinger, M.: *Kognitve Verhaltenstherapie bei Depressionen.* 4. Auflage, Weinheim, Psy-chologie Verlagsunion, 1997

Heuft, G./Senf, W./Bell, K./Cording, C./Geyer, M./Janssen, P.L./Lamprecht, F./ Meer-mann, R./Strauß, B./Wirsching, M.: *Kernmodul einer Basisdokumentation in der Fachpsy-chotherapie.* Psychotherapeut, Band 43, 1998, S. 48-52

Hollon, S.D./Beck, A.: *Cognitive and Cognitive Behavioral Therapies.* Bergin, A.E./Gar-field, S.L. (Hg.), Handbook of Psychotherapy and Behavior Change, 4th edition, New York, John Wiley & Sons, Inc, 1994, S. 428-466

Horowitz, L.M./Kordy, H./Strauß, B.: *Inventar zur Erfassung interpersonaler Probleme.* Deutsche Version. Hogrefe-Verlag, Göttingen, 1994

Howard, K.I/Kopta, S.M./Krause. M.S./Orlinsky,D.E.: *The Dose-Effect Relationship in Psychotherapy.* American Psychologist, Bd.41,1986, S.159-164

Kopta, S.M./Howard, K.I/Lowry, J.L./Beutler, L.E.: *Patterns of Symptomatic Recovery in Psychotherapy*. Journal of Consulting and Clinical Psychology, 62, 1009-1016, 1994

Lambert, M.J./Bergin, A.E.: *The Effectiveness of Psychotherapy*. Bergin, A.E./Garfield, S.L. (Hg.), Handbook of Psychotherapy and Behavior Change, 4th edition, New York, John Wiley & Sons, Inc, 1994, S.143-189

Linehan, M.M./Allmon, D./Armstrong, H.E./Heard, H.L./Suarez, A.: *Cognitive-Behavioral Treatment of Chronically Parasuicidal Borderline Patients*. Archives of General Psychiatry, Band 48, 1991, S. 1060-1064

Linehan, M.M.: *Dialektisch-Behaviorale Therapie der Borderline-Persönlichkeits-störung* (deutsche Fassung). München, CIP-Medien, 1996

Linden, M.: *Phase IV Forschung*. Berlin, Springer, 1987

Linden, M./Förster, R./Oel, M./Schlötelborg, R.: *Verhaltenstherapie in der Kassenärztlichen Versorgung:* Eine versorgungsepidemiologische Untersuchung. Psychotherapeut, Band 3, 1993, S. 101-111

Lueger, R.J.: *Ein Phasenmodell der Veränderung in der Psychotherapie*. Psychotherapeut, Band 40, 1995, S. 267-278

McGinn, L.K./Sanderson, W.C./Young, J.E.: *When and How to Do Longer Term Therapy ...Without Feeling Guilty*. Cognitive and Behavioral Practice, Vol.2(1), 1995, S. 187-212

Rief, W.: *Ein Plädoyer für eine praxisorientierte Psychotherapieforschung*. Report Psychologie, Band 19, Juni 1994, S. 16-19

Roth, A./Fonagy, P.: *What works for Whom ?* A Critical Review of Psychotherapy Research. New York, The Guildford Press, 1996

Rudolf, G.: *Die therapeutische Arbeitsbeziehung*. Untersuchungen zum Zustandekommen, Verlauf und Ergebnis analytischer Psychotherapien. Berlin, Springer, 1991

Rudolf, G./Eich, W.: *Die Entwicklung wissenschaftlich begründeter Leitlinien*. Psychotherapeut, Band 44, 1999, S. 124-126

Rüger, U./Leibing, E.: *Bildungsstand und Psychotherapieindikation*. Der Einfluß auf die Wahl des Behandlungsverfahrens und die Behandlungsdauer. Psychotherapeut, Band 44, 1999, S. 214-219

Scheidt, C.E./Bowe, N./Dieterle, W./Hartmann, A./Hillenbrand, D./Sczudlek, G. / Seidenglanz, K./Strasser, F./Strasser, P./Wirsching, M.: *Basisdaten zur Qualitätssicherung in der ambulanten Psychotherapie*. Teil 1. Psychotherapeut, Band 43, 1998, S. 92-101

Scheidt, C.E./Bowe, N./Dieterle, W./Hartmann, A./Hillenbrand, D./Sczudlek, G./ Sei-denglanz, K./Strasser, F./Strasser, P./Wirsching, M.: *Basisdaten zur Qualitätssicherung in der ambulanten Psychotherapie.* Teil 2. Psychotherapeut, Band 44, 1999, S. 83-93

Schepank, H.: *Psychogene Erkrankungen der Stadtbevölkerung.* Berlin, Springer, 1987

Schepank, H.: *Verläufe.* Seelische Gesundheit und psychogene Erkrankungen heute. Berlin, Springer, 1990

Schmutterer, J.: *Ärztliche Psychotherapie in Deutschland.* Psychotherapie, Band 2, 1997, S. 4-10

Seligman, M.: *The Effectiveness of Psychotherapy.* The Consumer Reports Study. American Psychologist, 50/12, 1995, S. 965-974

Shea, T./Backham, E./Collins, J.F/Dolan, R.T./Elkin, I./Glass, D.R./Imber, S.D./Parloff, M.B./Pilkonis, P.A./Sotsky, S.M./Watkins, J.T.: *Course of depressive Symptoms over fol-low-up.* Findings from the National Institute of Mental Health (NIMH). Treatment of Depression Collaborative Research Program. Archives of General Psychiatry, Band 49, 1992, S. 782-787

Smith, M.L./Glass, G.V./Miller, T.I.: *The Benefits of Psychotherapy.* Baltimore, John Hopkins University Press, 1980

Sookman, D./Solyom, L.: *The Effectiveness of Four behaviour Therapies in the Treatment of Obsessive Neurosis.* Boulougouris, J.C./Rabavilas, A.D. (Hg.), The Treatment of Phobic and Obsessive Compulsive Disorders, Pergamon Press, 1976, S. 85-98

Steuer, J.L./Hammen, C.L./Hill, M.A./Jarvik, L.F./McCarley, T./Mintz, J./Motoike, P./ Rosen, R.: *Cognitive-Behavioral and Psychodynamic Group Therapy in Treatment of Geria-tric Depression.* Journal of Consulting and Clinical Psychology, Band 52, Nr. 2, 1984, S. 180-189

Strupp, H.H./Wallach, M.S./Wogan, M.: *Psychotherapy Experience in Retrospect:* Questionaire survey of former patients and their therapists. Psychological Monographs: General and Applied, Band 78, 1964, S. 1-45

Sulz, S.: *Differentialindikation von Kurz-und Langzeittherapie in der VT.* Psychotherapie, Band 2, 1997, S. 16-28

Tingey, R.C./Burlingame, G.M./Hansen, N.B./Lambert, M.J.: *Assessing Clinical Signifi-cance:* Proposed extensions to method. Psychotherapy Research, Band 6, 1996, S. 109-123

Ullrich, R./Ullrich de Muynck, R.: *Einübung in Selbstvertrauen und soziale Kompetenz.* Ullrich, R./Ullrich de Muynck, R.(Hg.), Band I - III, J.Pfeiffer, 1976

Wedel, S./Grawe, K.: *Die differentiellen Effekte eines standardisierten Assertiveness-Trainings in Gruppen bei neurotisch gehemmten psychiatrischen Patienten.* Ullrich, R./Ullrich de Muynck, R./Grawe, K./Zimmer, D.(Hg.), Soziale Kompetenz, Band 2, München, J.Pfeiffer, 1980, S. 33-63

Wittchen, H.-U./Horn, R./Klug, J./Mombour, W./Schramm, E./Spengler, P./Zaudig, M.: *Strukturiertes Klinisches Interview für DSM-III-R (SKID-I)* - Interviewheft. Beltz Test, 2. Auflage, Weinheim, 1991

Wittchen, H.-U./ Fydrich, T./Renneberg, B./Schmitz, B.: *Strukturiertes Klinisches Interview für DSM-IV-R, Achse II: Persönlichkeitsstörungen (SKID-II)* - Interviewheft. Hogrefe, Göttingen, 1993

Zielke, M./Kopf-Mehnert, C.: *Veränderungsfragebogen des Erlebens und Verhaltens.* Beltz Test, Weinheim, 1978

Übersicht:

SCL-Faktoren und GSI: Wert hier nur von VT-Patienten über Meßzeitpunkte 0,0/1,0/2,5 und 3,5 Jahre, Mittelwerte (M) und Streuungen (s); **Ergebnisse der 1-faktoriellen MANOVA mit Meßwiederholung** (multivariat für Skalen 1-9 mit univariaten Einzelanalysen, für GSI nur univariat). Zeiteffekt, Interaktion sowie Trends für Zeit unf Interaktion (Zeiteffekt und Interaktion sind averaged Tests)
* bei Trends heißt: signifikant auf 5 % Niveau

Skala	Zeitpunkt in Jahren	Verhaltenstherapie (N=28)		Effekt Zeit	Trend Zeiteffekt: linear	Trend Zeiteffekt: quadratisch	Trend Zeiteffekt: kubisch
		M	**s**	**p**			
Multivariate Varianzanalysen über die Skalen 1-9				**0,000**	entfällt	entfällt	entfällt
SCL 1	0,0	1,3571	0,8162	0,000	*	*	
	1,0	0,8685	0,5069				
	2,5	0,8780	0,7163				
	3,5	0,8241	0,7679				
SCL 2	0,0	1,5694	0,6884	0,000	*	*	
	1,0	1,0881	0,7111				
	2,5	0,9107	0,7598				
	3,5	0,9643	0,7299				
SCL 3	0,0	1,6548	0,8766	0,000	*	*	
	1,0	1,0298	0,7515				
	2,5	1,0000	0,6500				
	3,5	1,0079	0,7680				
SCL 4	0,0	2,1165	0,7269	0,000	*	*	
	1,0	1,3352	0,7733				
	2,5	0,9890	0,7291				
	3,5	1,0946	0,7553				
SCL 5	0,0	1,8409	0,9594	0,000	*	*	*
	1,0	0,9714	0,7726				
	2,5	0,9294	0,7844				
	3,5	0,8679	0,8005				
SCL 6	0,0	1,2560	0,8516	0,000	*	*	*
	1,0	0,5774	0,6731				
	2,5	0,6857	0,6845				
	3,5	0,7083	0,6859				
SCL 7	0,0	1,2866	1,0639	0,000	*	*	
	1,0	0,6531	0,7944				
	2,5	0,5357	0,7704				
	3,5	0,6684	0,8554				
SCL 8	0,0	1,3750	0,9358	0,000	*	*	*
	1,0	0,6964	0,5685				
	2,5	0,7798	0,6496				
	3,5	0,7321	0,6824				
SCL 9	0,0	1,1278	0,8104	0,000	*	*	
	1,0	0,6071	0,5120				
	2,5	0,5306	0,5554				
	3,5	0,5036	0,5153				
SCL GSI	0,0	1,5516	0,6377	0,000	*	*	*
	1,0	0,9118	0,5272				
	2,5	0,8335	0,6100				
	3,5	0,8421	0,6531				

IIP-Faktoren und IIP-Mean: Wert hier nur von VT-Patienten über Meßzeitpunkte 0,0/1,0/2,5 und 3,5 Jahre, Mittelwerte (M) und Streuungen (s); **Ergebnisse der 1-faktoriellen MANOVA mit Meßwiederholung** (multivariat für Skalen 1-9 mit univariaten Einzelanalysen, für GSI nur univariat). Zeiteffekt, Interaktion sowie Trends für Zeit unf Interaktion (Zeiteffekt und Interaktion sind averaged Tests)
* bei Trends heißt: signifikant auf 5 % Niveau

Skala	Zeitpunkt in Jahren	Verhaltenstherapie (N=28)		Effekt Zeit	Trend Zeiteffekt: linear	Trend Zeiteffekt: quadratisch	Trend Zeiteffekt: kubisch
		M	**s**	**p**			
Multivariate Varianzanalysen über die Skalen PA-NO				**0,250**	entfällt	entfällt	entfällt
PA	0,0	1,0281	0,7896	0,470			
	1,0	0,8929	0,6793				
	2,5	0,9107	0,7062				
	3,5	0,8214	0,6627				
BC	0,0	1,1295	0,6740	0,730			
	1,0	1,0714	0,6369				
	2,5	1,0580	0,7164				
	3,5	0,9828	0,6508				
DE	0,0	1,4107	0,7591	0,090	*		
	1,0	1,3036	0,7671				
	2,5	1,2366	0,7886				
	3,5	1,0446	0,6625				
FG	0,0	1,7851	0,9614	0,040	*		
	1,0	1,6116	0,9909				
	2,5	1,5804	0,8801				
	3,5	1,2723	0,8229				
HI	0,0	2,2054	0,8369	0,020	*		
	1,0	2,0060	0,9741				
	2,5	2,0000	0,8593				
	3,5	1,6652	0,8600				
JK	0,0	2,0402	0,7562	0,000	*		
	1,0	1,7538	0,6554				
	2,5	1,7634	0,7510				
	3,5	1,4018	0,6249				
LM	0,0	2,1429	0,7635	0,003	*		
	1,0	1,9509	0,7716				
	2,5	2,0089	0,7264				
	3,5	1,6473	0,7249				
NO	0,0	1,5357	0,7143	0,056	*		
	1,0	1,4337	0,6703				
	2,5	1,3616	0,7783				
	3,5	1,1860	0,6121				
IIP-Mean	0,0	1,6600	0,4679	0,003	*		
	1,0	1,5019	0,5260				
	2,5	1,4900	0,5075				
	3,5	1,2540	0,5180				

SCL 90-Effektstärken für alle Diagnosen   nach Formel: ES=(M(nach) - M(Prä))/s(Prä)

	ZP	PA (M)	PA (s)	VT (M)	VT (s)	PA ES 0,0-1,0 J.	PA ES 0,0-2,5 J.	PA ES 0,0-3,5 J.	VT ES 0,0-1,0 J	VT ES 0,0-2,5 J	VT ES 0,0-3,5 J
SCL 1	0,0	0,75	0,55	1,36	0,62	-0,52	-0,53	-0,79	-0,60	-0,59	-0,85
	1,0	0,46	0,39	0,87	0,51						
	2,5	0,46	0,42	0,88	0,72						
	3,5	0,32	0,25	0,82	0,77						
SCL 2	0,0	1,03	0,50	1,57	0,69	-0,67	-1,03	-1,26	-0,70	-0,96	-0,88
	1,0	0,70	0,42	1,09	0,71						
	2,5	0,52	0,39	0,91	0,76						
	3,5	0,40	0,29	0,96	0,73						
SCL 3	0,0	1,28	0,70	1,65	0,88	0,71	-1,17	-1,20	-0,71	-0,75	-0,74
	1,0	0,78	0,54	1,03	0,75						
	2,5	0,46	0,37	1,00	0,65						
	3,5	0,44	0,33	1,01	0,77						
SCL4	0,0	1,46	0,65	2,12	0,73	-0,98	-1,32	-1,49	-1,07	-1,55	-1,41
	1,0	0,82	0,50	1,34	0,77						
	2,5	0,59	0,40	0,99	0,73						
	3,5	0,48	0,28	1,09	0,76						
SCL 5	0,0	0,80	0,68	1,84	0,96	-0,38	-0,59	-0,68	-0,91	-0,95	-1,01
	1,0	0,54	0,38	0,97	0,77						
	2,5	0,39	0,38	0,93	0,76						
	3,5	0,33	0,38	0,87	0,80						
SCL 6	0,0	0,74	0,60	1,26	0,85	-0,32	-0,63	-0,78	-0,80	-0,67	-0,64
	1,0	0,55	0,45	0,58	0,67						
	2,5	0,37	0,39	0,69	0,68						
	3,5	0,28	0,37	0,71	0,69						
SCL 7	0,0	0,45	0,64	1,29	1,06	-0,32	-0,41	-0,48	-0,60	-0,71	-0,58
	1,0	0,25	0,32	0,65	0,79						
	2,5	0,19	0,32	0,54	0,77						
	3,5	0,14	0,28	0,67	0,86						
SCL 8	0,0	0,82	0,71	1,38	0,94	-0,31	-0,60	-0,62	-0,73	-0,64	-0,69
	1,0	0,60	0,63	0,70	0,57						
	2,5	0,39	0,40	0,78	0,65						
	3,5	0,38	0,47	0,73	0,68						
SCL 9	0,0	0,48	0,44	1,13	0,81	-0,43	-0,68	-0,69	-0,64	-0,74	-0,77
	1,0	0,29	0,30	0,61	0,51						
	2,5	0,18	0,18	0,53	0,56						
	3,5	0,18	0,17	0,50	0,52						
SCL GSI	0,0	0,92	0,42	1,55	0,84	-0,82	-1,18	-1,37	-1,00	-1,13	-1,11
	1,0	0,58	0,29	0,91	0,53						
	2,5	0,43	0,30	0,83	0,61						
	3,5	0,35	0,22	0,84	0,65						

IIP-Effektstärken für alle Diagnosen   nach Formel: ES=(M(nach) - M(Prä))/s(Prä)

	ZP	PA (M)	PA (s)	VT (M)	VT (s)	PA ES 0,0-1,0 J.	PA ES 0,0-2,5 J.	PA ES 0,0-3,5 J.	VT ES 0,0-1,0 J	VT ES 0,0-2,5 J	VT ES 0,0-3,5 J
PA	0,0	0,97	0,58	1,03	0,79	-0,12	-0,31	-0,46	-0,17	-0,15	-0,26
	1,0	0,90	0,63	0,89	0,68						
	2,5	0,79	0,55	0,91	0,71						
	3,5	0,71	0,54	0,82	0,66						
BC	0,0	1,01	0,48	1,13	0,67	0,10	-0,10	-0,09	-0,09	-0,11	-0,22
	1,0	1,06	0,50	1,07	0,64						
	2,5	0,96	0,50	1,06	0,72						
	3,5	0,97	0,54	0,98	0,65						
DE	0,0	1,22	0,70	1,41	0,76	0,05	-0,49	-0,53	-0,14	-0,23	-0,48
	1,0	1,25	0,61	1,30	0,77						
	2,5	0,87	0,56	1,24	0,79						
	3,5	0,85	0,63	1,04	0,66						
FG	0,0	1,66	0,68	1,79	0,96	-0,14	-0,71	-0,91	-0,18	-0,21	-0,53
	1,0	1,56	0,67	1,61	0,99						
	2,5	1,18	0,66	1,58	0,88						
	3,5	1,04	0,59	1,27	0,82						
HI	0,0	2,36	0,72	2,21	0,84	-0,23	-0,91	-1,06	-0,24	-0,25	-0,65
	1,0	2,19	0,58	2,01	0,97						
	2,5	1,71	0,80	2,00	0,86						
	3,5	1,60	0,76	1,67	0,86						
JK	0,0	2,18	0,67	2,04	0,76	-0,04	-0,69	-0,98	-0,38	-0,37	-0,84
	1,0	2,16	0,80	1,75	0,66						
	2,5	1,72	0,74	1,76	0,75						
	3,5	1,52	0,73	1,40	0,62						
LM	0,0	2,37	0,65	2,14	0,76	-0,14	-0,80	-1,25	-0,25	-0,18	-0,65
	1,0	2,28	0,57	1,95	0,77						
	2,5	1,85	0,78	2,01	0,73						
	3,5	1,56	0,59	1,65	0,72						
NO	0,0	1,73	0,65	1,54	0,71	-0,17	-0,67	-0,87	-0,14	-0,24	-0,49
	1,0	1,62	0,73	1,43	0,67						
	2,5	1,29	0,65	1,36	0,78						
	3,5	1,17	0,55	1,19	0,61						
IIP-MEAN	0,0	1,69	0,43	1,66	0,47	0,14	-0,91	-1,19	-0,34	-0,36	-0,87
	1,0	1,63	0,40	1,50	0,53						
	2,5	1,30	0,52	1,49	0,51						
	3,5	1,18	0,47	1,25	0,52						

Diagnose Depression / SCL-Faktoren und GSI: Wert hier nur von VT-Patienten über Meßzeitpunkte 0,0/1,0/2,5 und 3,5 Jahre, Mittelwerte (M) und Streuungen (s); univariate Varianzanalysen, Zeiteffekte sowie Trends für ZEIT (Zeiteffekte sind averaged Tests, bei GSI Greenhouse-G.)
* bei Trends heißt: signifikant auf 5 % Niveau

Skala	Zeitpunkt	Verhaltenstherapie (N=17)		Effekt Zeit	Trend Zeiteffekt: linear	Trend Zeiteffekt: quadratisch	Trend Zeiteffekt: kubisch
		M	**s**	**p**			
Multivariate Varianzanalyse über die Skalen 1-9	nicht möglich wegen zu geringer Fallzahl						
SCL 1	0,0	1,1471	0,7094	0,279		0,09	
	1,0	0,8177	0,5313				
	2,5	0,8873	0,6744				
	3,5	0,9260	0,9147				
SCL 2	0,0	1,5144	0,6873	0,013	*		
	1,0	1,1980	0,7998				
	2,5	0,9353	0,7681				
	3,5	1,0882	0,7656				
SCL 3	0,0	1,8235	0,9915	0,008	*	*	
	1,0	1,1863	0,9003				
	2,5	1,0784	0,6676				
	3,5	1,1895	0,9067				
SCL 4	0,0	2,1131	0,8532	0,000	*	*	
	1,0	1,4615	0,9326				
	2,5	0,9910	0,6543				
	3,5	1,2760	0,8258				
SCL 5	0,0	1,8144	0,9308	0,000	*	*	*
	1,0	0,9941	0,8955				
	2,5	1,0248	0,8669				
	3,5	0,9471	0,9395				
SCL 6	0,0	1,3137	1,0306	0,002	0,06	*	
	1,0	0,6941	0,8176				
	2,5	0,7059	0,7489				
	3,5	0,8824	0,8160				
SCL 7	0,0	1,1695	1,0450	0,004	*	*	
	1,0	0,6471	0,9023				
	2,5	0,6303	0,8778				
	3,5	0,7899	0,9410				
3CL 8	0,0	1,5392	0,9887	0,002	*	*	*
	1,0	0,7941	0,6306				
	2,5	0,8824	0,6841				
	3,5	0,8431	0,7761				
SCL 9	0,0	1,2046	0,9141	0,000	*	*	
	1,0	0,6824	0,6247				
	2,5	0,5915	0,5591				
	3,5	0,6765	0,5826				
SCL GSI	0,0	1,5498	0,7010	0,001	*	*	
	1,0	0,9863	0,6347				
	2,5	0,8828	0,5917				
	3,5	0,9855	0,7470				

Diagnose Depression / IIP-Faktoren u.IIP-Mean: Wert hier nur von VT-Patienten über Meßzeitpunkte 0,0/1,0/2,5 und 3,5 Jahre, Mittelwerte (M) und Streuungen (s); univariate Varianzanalysen, Zeiteffekte sowie Trends für ZEIT (Zeiteffekte sind averaged Tests, bei GSI Greenhouse-G.)
* bei Trends heißt: signifikant auf 5 % Niveau

Skala	Zeitpunkt	Verhaltenstherapie (N=17)		Effekt Zeit	Trend Zeiteffekt: linear	Trend Zeiteffekt: quadratisch	Trend Zeiteffekt: kubisch
		M	s	p			
Multivariate Varianzanalyse entfällt							
PA	0,0	0,8845	0,6975	0,94			
	1,0	0,9779	0,7033				
	2,5	0,9044	0,5838				
	3,5	0,9118	0,6714				
BC	0,0	1,1618	0,6104	1,00			
	1,0	1,1912	0,6834				
	2,5	1,1765	0,7396				
	3,5	1,1775	0,7167				
DE	0,0	1,5074	0,7160	0,57			
	1,0	1,4191	0,7991				
	2,5	1,3382	0,8429				
	3,5	1,2500	0,6932				
FG	0,0	1,7931	0,9372	0,41			
	1,0	1,6912	1,0727				
	2,5	1,7941	0,9662				
	3,5	1,4265	0,8817				
HI	0,0	2,2868	0,8747	0,22	0,58		
	1,0	2,0956	0,9828				
	2,5	2,1691	0,9395				
	3,5	1,7794	0,9484				
JK	0,0	2,1471	0,7542	0,00	*		
	1,0	1,8456	0,7282				
	2,5	1,8456	0,7494				
	3,5	1,3971	0,7345				
LM	0,0	2,2500	0,8053	0,02	*		
	1,0	2,1176	0,7825				
	2,5	1,9853	0,7367				
	3,5	1,7059	0,8148				
NC	0,0	1,4338	0,6252	0,23	0,08		
	1,0	1,5221	0,7170				
	2,5	1,4191	0,8408				
	3,5	1,1765	0,6732				
IIP-Mean	0,0	1,6836	0,5043				
	1,0	1,6075	0,5344				
	2,5	1,5790	0,5059				
	3,5	1,3537	0,5679				

SCL 90-Effektstärken für Diagnose Depression

nach Formel: ES=(M(nach) - M(Prä))/s(Prä)

	ZP	PA (M)	PA (s)	VT (M)	VT (s)	PA ES 0,0 - 1,0 J.	PA ES 0,0 - 2,5 J.	PA ES 0,0 - 3,5 J.	VT ES 0,0 - 1,0 J.	VT ES 0,0 - 2,5 J.	VT ES 0,0 - 3,5 J.
SCL 1	0,0	0,76	0,49	1,15	0,71	-0,53	-0,53	-0,91	-0,46	-0,37	-0,31
	1,0	0,50	0,42	0,82	0,53						
	2,5	0,50	0,45	0,89	0,67						
	3,5	0,32	0,25	0,93	0,91						
SCL 2	0,0	1,11	0,44	1,51	0,69	-0,79	-1,38	-1,54	-0,46	-0,84	-0,62
	1,0	0,76	0,41	1,20	0,80						
	2,5	0,50	0,38	0,94	0,77						
	3,5	0,43	0,32	1,09	0,77						
SCL 3	0,0	1,39	0,66	1,82	0,99	-0,82	-1,46	-1,37	-0,64	-0,75	-0,64
	1,0	0,85	0,57	1,19	0,90						
	2,5	0,43	0,39	1,08	0,67						
	3,5	0,48	0,36	1,19	0,91						
SCL4	0,0	1,60	0,60	2,11	0,85	-1,06	-1,61	-1,80	-0,76	-1,32	-0,98
	1,0	0,96	0,50	1,46	0,93						
	2,5	0,63	0,43	0,99	0,85						
	3,5	0,52	0,31	1,28	0,83						
SCL 5	0,0	0,79	0,52	1,81	0,93	-0,40	-0,75	-0,87	-0,88	-0,85	-0,93
	1,0	0,58	0,42	0,99	0,90						
	2,5	0,40	0,43	1,02	0,87						
	3,5	0,34	0,41	0,95	0,94						
SCL 6	0,0	0,82	0,60	1,31	1,03	-0,37	-0,64	-0,86	-0,60	-0,59	-0,42
	1,0	0,60	0,47	0,69	0,82						
	2,5	0,43	0,42	0,71	0,75						
	3,5	0,30	0,40	0,88	0,82						
SCL 7	0,0	0,32	0,26	1,17	1,05	-0,40	-0,72	-0,87	0,50	-0,52	-0,36
	1,0	0,22	0,23	0,65	0,90						
	2,5	0,14	0,21	0,63	0,88						
	3,5	0,10	0,12	0,79	0,94						
SCL 8	0,0	0,92	0,66	1,54	0,99	-0,40	-0,73	-0,70	-0,75	-0,66	-0,70
	1,0	0,65	0,69	0,79	0,63						
	2,5	0,43	0,42	0,88	0,68						
	3,5	0,45	0,53	0,84	0,78						
SCL 9	0,0	0,49	0,34	1,20	0,91	-0,46	-0,89	-0,96	-0,57	-0,67	-0,58
	1,0	0,34	0,33	0,68	0,62						
	2,5	0,19	0,19	0,59	0,56						
	3,5	0,17	0,18	0,68	0,58						
SCL GSI	0,0	0,97	0,31	1,55	0,70	-1,08	-1,72	-1,96	-0,80	-0,95	-0,80
	1,0	0,64	0,31	0,99	0,63						
	2,5	0,44	0,32	0,88	0,59						
	3,5	0,36	0,24	0,99	0,75						

IIP-Effektstärken für Diagnose Depression

nach Formel: ES=(M(nach) - M(Prä))/s(Prä)

	ZP	PA (M)	PA (s)	VT (M)	VT (s)	PA ES 0,0 - 1,0 J.	PA ES 0,0 - 2,5 J.	PA ES 0,0 - 3,5 J.	VT ES 0,0 - 1,0 J.	VT ES 0,0 - 2,5 J.	VT ES 0,0 - 3,5 J.
PA	0,0	1,05	0,57	0,88	0,70	-0,13	-0,39	-0,49	0,13	0,03	0,04
	1,0	0,98	0,66	0,98	0,70						
	2,5	0,83	0,57	0,90	0,58						
	3,5	0,77	0,55	0,91	0,67						
BC	0,0	1,04	0,50	1,16	0,61	0,01	-0,19	-0,01	0,05	0,02	0,03
	1,0	1,05	0,47	1,19	0,68						
	2,5	0,94	0,52	1,18	0,74						
	3,5	1,03	0,54	1,18	0,72						
DE	0,0	1,29	0,75	1,51	0,72	-0,04	-0,47	-0,59	-0,12	-0,24	-0,36
	1,0	1,26	0,54	1,42	0,80						
	2,5	0,94	0,59	134	0,84						
	3,5	0,85	0,66	1,25	0,69						
FG	0,0	1,77	0,70	1,79	0,94	-0,46	-0,91	-1,06	-0,11	0,00	-0,39
	1,0	1,44	0,58	1,69	1,07						
	2,5	1,13	0,72	1,79	0,97						
	3,5	1,02	0,60	1,43	0,88						
HI	0,0	2,51	0,72	2,29	0,87	-0,38	-1,12	-1,23	-0,22	-0,13	-0,58
	1,0	2,23	0,53	2,10	0,98						
	2,5	1,69	0,81	2,17	0,94						
	3,5	1,61	0,73	1,78	0,95						
JK	0,0	2,34	0,56	2,15	0,75	-0,16	-1,04	-1,31	-0,40	-0,40	-0,99
	1,0	2,25	0,57	1,85	0,73						
	2,5	1,76	0,77	1,85	0,75						
	3,5	1,61	0,74	1,40	0,73						
LM	0,0	2,52	0,51	2,25	0,81	-0,40	-1,40	-1,79	-0,16	-0,33	-0,68
	1,0	2,32	0,59	2,12	0,78						
	2,5	1,81	0,79	1,99	0,74						
	3,5	1,61	0,54	1,71	0,81						
NO	0,0	1,89	0,63	1,43	0,63	-0,20	-0,77	-0,99	0,14	-0,02	-0,41
	1,0	1,76	0,73	1,52	0,72						
	2,5	1,41	0,62	1,42	0,84						
	3,5	1,27	0,55	1,18	0,67						
IIP-MEAN	0,0	1,80	0,41	1,68	0,50	-0,34	-1,20	-1,42	-0,15	-0,21	-0,65
	1,0	1,66	0,37	1,61	0,53						
	2,5	1,31	0,55	1,58	0,51						
	3,5	1,22	0,46	1,35	0,57						

VEV - Ergebnisse: Mittelwerte und Standardabweichungen

		(M)	(s)	Anzahl
Angst	0,0 - 1,0 J.	197,96	42,73	
	1,0 - 2,5 J.	204,80	44,12	10
	2,5 - 3,5 J.	200,49	65,80	
Depression	0,0 - 1,0 J.	199,85	26,38	
	1,0 - 2,5 J.	213,53	30,00	19
	2,5 - 3,5 J.	197,90	45,42	
Angst UND Depression	0,0 - 1,0 J.	242,00	0	
	1,0 - 2,5 J.	180,50	6,36	2
	2,5 - 3,5 J.	244,00	9,90	

Frankfurt-Hamburger Langzeitpsychotherapiestudie
Verlaufs- u. Wirkungsforschung von verhaltenstherapeutischer u. psychoanalytischer LZT
in der freien Praxis
Ein(1) - Jahresbefragung für weiterlaufende Therapien - Revision B95

Chiffre: _____   **Datum :** _____

1a. Wie oft im Jahr (ungefähr !) machen Sie einen Arztbesuch ?

Im Jahr vor der Behandlung ca.   [   ]   mal

Im Jahr ab Beginn der Behandlung ca.   [   ]   mal

1b. Bitte geben Sie ungefähr an, wieviele Tage im Jahr Sie sich zur Behandlung im Krankenhaus aufhielten ?

Im Jahr vor der Behandlung ca.   [   ]   Tage

Im Jahr ab Beginn der Behandlung ca.   [   ]   Tage

2. Bitte kreuzen Sie an, in wieweit die folgenden Aussagen auf Sie zutreffen :

	überhaupt nicht	wenig	etwas	stark	sehr stark
2a. Ich bin durch die Therapie auch mein eigener Therapeut/-in geworden und führe den therapeutischen Dialog oft mit mir weiter fort.	[ ]	[ ]	[ ]	[ ]	[ ]
2b. Denken Sie oft an Ihren Therapeuten/-in ?	[ ]	[ ]	[ ]	[ ]	[ ]
2c. Ich diskutiere oft mit meinem/-r Therapeuten/-in in der Phantasie kontrovers.	[ ]	[ ]	[ ]	[ ]	[ ]
2d. Meine(e) Therapeut/-in ging mir mir verständnisvoller um, als ich es selbst bisher mit mir tat	[ ]	[ ]	[ ]	[ ]	[ ]
2e. Ich gehe mit mir jetzt verständnisvoller um, als ich es vor Beginn der Therapie tat	[ ]	[ ]	[ ]	[ ]	[ ]
2f. Ich spreche oder handle oft gegenüber anderen so, wie ich denke, daß es mein(e) Therapeut/-in auch getan hätte	[ ]	[ ]	[ ]	[ ]	[ ]
2g. Wenn ich ein Problem habe, versuche ich es in Gedanken mit meinem(r) Therapeuten/-in zu lösen	[ ]	[ ]	[ ]	[ ]	[ ]
2h. Wenn ich mich mit einer schwierigen Situation konfrontiert sehe, dann frage ich mich manchmal: "Was würde mein(e) Therapeut/-in wollen, daß ich tue?"	[ ]	[ ]	[ ]	[ ]	[ ]

Die Fragen **2a - 2j** entsprechen den im Kapitel 5.4.5.3 erwähnten Fragen **F 10 - F 19** !

	überhaupt nicht	wenig	etwas	stark	sehr stark

2i. Ich versuche meine Probleme so zu lösen, wie mein(e) Therapeut/-in und ich in der Therapie an ihnen gearbeitet haben

2j. Manchmal ist mir , als ob mein(e) Therapeut/-in ein Teil von mir geworden ist.

3a. Wie sehr waren Sie gefühlsmäßig an der Behandlung beteiligt ?

3b. Mit dem/-r Therapeuten/-in habe ich für mich wichtige, letztlich positive Erfahrungen gemacht, die ich vorher noch nie gemacht habe.

3c. Der/Die Therapeut/-in hat sich mir gegenüber anders verhalten, als ich es von anderen Personen früher erfahren habe

Bitte umblättern !!

Seite 2

Auf die Frage

"Was erhoffen Sie sich von der Behandlung, welche Ziele möchten Sie erreichen ?"

hatten Sie vor einem Jahr geantwortet:

1. _____ ☐

2. _____ ☐

3. _____ ☐

4. _____ ☐

5. _____ ☐

" Wie weit konnten Sie die Ziele erreichen, die Sie sich vor einem Jahr erhofft oder
vorgenommen hatten ? Bitte geben Sie durch Abstufung zwischen den Werten von 0 bis 4 an,
in welchem Maß Sie das Ziel erreichen konnten. Die 0 bedeutet: Gar nicht, die 4 bedeutet:
100 %tig erreicht ."

	0%	25%	50%	75%	100%
	nicht	wenig	mittel	ziemlich	sehr
1. Ziel	0 —— 1 —— 2 —— 3 —— 4
2. Ziel	0 —— 1 —— 2 —— 3 —— 4
3. Ziel	0 —— 1 —— 2 —— 3 —— 4
4. Ziel	0 —— 1 —— 2 —— 3 —— 4
5. Ziel	0 —— 1 —— 2 —— 3 —— 4

Nötigenfalls bitte sinngemäß ergänzen !

6. Ziel etc.

" Welche Ziele gelten noch so wie vor einem Jahr ?
Kennzeichnen Sie diese bitte oben rechts in den Kästchen mit X !

Falls sich neue bzw.veränderte Ziele/Erwartungen im letzten Jahr ergeben haben,
nennen Sie diese bitte !"

Neue Therapieziele ...

1. _____

2. _____

3. _____

Weitere Ziele sind möglich, bitte notieren !

Frankfurt-Hamburger Langzeitpsychotherapiestudie
Verlaufs- u. Wirkungsforschung von verhaltenstherapeutischer u. psychoanalytischer LZT
in der freien Praxis
2 1/2 - Jahresbefragung für nach einem Jahr weitergeführte und inzwischen
beendete Therapien

Chiffre: _____   **Datum:**

1. Hauptgrund für die Beendigung der Therapie
   (bitte nur eine Antwort !)

   Reguläres Ende (d.h. mit dem Erreichten zufrieden)   ☐

   Unzufriedenheit mit d. Therapeuten/-in und/oder Therapieverlauf   ☐

   Keine weitere Kostenübernahme durch Kasse   ☐

   Sonstige Gründe   ☐
   Welche? Bitte nennen Sie die Gründe:
   ....
   ....

2. Wie zufrieden sind Sie mit dem Ergebnis der Behandlung ?

   Sehr zufrieden   "+2"   ☐

                                                           "+1"   ☐

                                                            0   ☐

                                                           "-1"   ☐

   Sehr unzufrieden   "-2"   ☐

3. Haben Sie den Eindruck, daß der Aufwand für die Behandlung
   mit dem Nutzen in einer vernünftigen Beziehung stand ?

   Ja, ich habe den Eindruck   "+2"   ☐

                                                           "+1"   ☐

                                                            0   ☐

                                                           "-1"   ☐

   Nein, den Eindruck habe ich nicht   "-2"   ☐

Seite 1

4. Haben Sie momentan das Gefühl, daß Sie eine weitere Behandlung benötigen ?

       Nein, überhaupt nicht   "+2"   ☐

       "+1"   ☐

       0   ☐

       "-1"   ☐

       Ja, sehr   "-2"   ☐

5a. Wie lange nach Behandlungsbeginn fühlten Sie eine merkliche Veränderung ?

       Gleich am Anfang der Therapie   ☐

       Im Verlauf der Therapie   ☐

       Am Ende der Therapie   ☐

       .... Monate nach Therapieende   ☐

       .... Jahre nach Therapieende   ☐

5b. Welchen Anteil hat Ihrer Meinung nach die Behandlung an den bei Ihnen stattgefundenen Änderungen ?

       Einen großen Anteil   "+2"   ☐

       "+1"   ☐

       0   ☐

       "-1"   ☐

       überhaupt keinen Anteil   "-2"   ☐

6a. Wie oft im Jahr (ungefähr !) machen Sie einen Arztbesuch ?

       In den letzten 12 Monaten ca   ☐   mal

6b. Bitte geben Sie ungefähr an, wieviele Tage im Jahr Sie sich zur Behandlung im Krankenhaus aufhielten ?

       In den letzten 12 Monaten ca.   ☐   Tage

7. Bitte geben Sie an, in wieweit die folgenden Aussagen auf Sie zutreffen :

7a. Ich bin durch die Therapie auch mein
eigener Therapeut/-in geworden und führe den
therapeutischen Dialog oft mit mir weiter fort.

7b. Denken Sie oft an Ihren Therapeuten/-in ?

7c. Ich diskutiere oft mit meinem/-r Therapeuten/-in
in der Phantasie kontrovers.

7d. Meine(e) Therapeut/-in ging mit mir
verständnisvoller um, als ich es selbst bisher
mit mir tat.

7e. Ich gehe mit mir jetzt verständnisvoller um,
als ich es vor Beginn der Therapie tat.

7f. Ich spreche oder handle oft gegenüber anderen so,
wie ich denke, daß es mein(e) Therapeut/-in
auch getan hätte.

7g. Wenn ich ein Problem habe, versuche ich es in
Gedanken mit meinem(r) Therapeuten/-in zu lösen.

7h. Wenn ich mich mit einer schwierigen Situation kon-
frontiert sehe, dann frage ich mich manchmal: "Was
würde mein(e) Therapeut/-in wollen, daß ich tue?"

7i. Ich versuche meine Probleme so zu lösen, wie mein(e)
Therapeut/-in und ich in der Therapie an ihnen
gearbeitet haben.

7j. Manchmal ist mir , als ob mein(e) Therapeut/-in ein
Teil von mir geworden ist.

8a. Wie sehr waren Sie gefühlsmäßig an der
Behandlung beteiligt ?

8b. Mit dem/-r Therapeuten/-in habe ich für mich
wichtige, letztlich positive Erfahrungen gemacht,
die ich vorher noch nie gemacht habe.

8c. Der/Die Therapeut/-in hat sich mir gegenüber
anders verhalten, als ich es von anderen Personen
früher erfahren habe.

Seite 3

Die Fragen **7a - 7j** entsprechen den im Kapitel 5.4.5.3 erwähnten Fragen **F 10 - F 19 !**

Auf die Frage

"Was erhoffen Sie sich von der Behandlung, welche Ziele möchten Sie erreichen ?"

hatten Sie zu <u>Beginn der Therapie</u> oder <u>vor 1 1/2 Jahren</u> geantwortet:

1.Ziel _____

2.Ziel _____

3.Ziel _____

4.Ziel _____

5.Ziel _____

6.Ziel _____

7.Ziel _____

Sind Sie Ihren Zielen <u>innerhalb der letzten 1 1/2 Jahre</u> nähergekommen oder haben Sie sich eher davon entfernt ?

näher gekommen...   ...eher entfernt

	"+3"	"+2"	"+1"	"0"	"-1"	"-2"	"-3"
	stark	*mittel*	*schwach*		*schwach*	*mittel*	*stark*
1.Ziel	☐	☐	☐	☐	☐	☐	☐
2.Ziel	☐	☐	☐	☐	☐	☐	☐
3.Ziel	☐	☐	☐	☐	☐	☐	☐
4.Ziel	☐	☐	☐	☐	☐	☐	☐
5.Ziel	☐	☐	☐	☐	☐	☐	☐
6.Ziel	☐	☐	☐	☐	☐	☐	☐
7.Ziel	☐	☐	☐	☐	☐	☐	☐

Wie weit konnten Sie Ihre Ziele <u>insgesamt</u> erreichen ?

Eingetragen sind mit X Ihre Einschätzungen von vor 1 1/2 Jahren,
die anderen Ziele sind von Ihnen anläßlich dieser letzten Befragung neu genannt worden.
Bitte geben Sie wiederum durch Abstufung zwischen den Werten von 0-4 an, in welchem Maß Sie die
einzelnen Ziel erreichen konnten. Die 0 bedeutet: Gar nicht, die 4 bedeutet: 100% erreicht.

	"0%"	"25%"	"50%"	75%"	"100%"
	nicht	wenig	mittel	ziemlich	sehr
1.Ziel	0 —————— 1 —————— 2 —————— 3 —————— 4				
2.Ziel	0 —————— 1 —————— 2 —————— 3 —————— 4				
3.Ziel	0 —————— 1 —————— 2 —————— 3 —————— 4				
4.Ziel	0 —————— 1 —————— 2 —————— 3 —————— 4				
5.Ziel	0 —————— 1 —————— 2 —————— 3 —————— 4				
6.Ziel	0 —————— 1 —————— 2 —————— 3 —————— 4				
7.Ziel	0 —————— 1 —————— 2 —————— 3 —————— 4				

9. Wurde eine neue Therapie begonnen ? ja ☐ nein ☐

Wenn ja, nennen Sie bitte möglichst
die Therapierichtung : " _____ "

10. Bitte ausfüllen, wenn eine andere Therapie begonnen wurde bzw. wenn Interesse an einer
    weiteren Therapie besteht

       Welche Ziele und Erwartungen haben Sie heute an eine Therapie ?
       (Nennen Sie bitte alle Ziele, auch wenn Sie sie bereits vorher genannt haben !)

1. _____

2. _____

3. _____

Weitere Nennungen sind möglich !

Vielen Dank für Ihre Mitarbeit !

Frankfurt-Hamburger Langzeitpsychotherapiestudie
Verlaufs- u. Wirkungsforschung von verhaltenstherapeutischer u. psychoanalytischer LZT
in der freien Praxis
3 1/2 - Jahresbefragung für weiterlaufende Therapien

Chiffre: _____   **Datum:**

1a. Wie oft im Jahr (ungefähr !) machten Sie einen
Arztbesuch ?

In den letzten 12 Monaten ca.   [   ]   mal

1b. Bitte geben Sie ungefähr an, wieviele Tage im Jahr
Sie sich zur Behandlung im Krankenhaus aufhielten ?

In den letzten 12 Monaten ca.   [   ]   Tage

2. Bitte kreuzen Sie an, in wieweit die folgenden Aussagen auf Sie zutreffen :

	überhaupt nicht	wenig	etwas	stark	sehr stark
2a. Ich bin durch die Therapie auch mein eigener Therapeut/-in geworden und führe den therapeutischen Dialog oft mit mir weiter fort.	[ ]	[ ]	[ ]	[ ]	[ ]
2b. Denken Sie oft an Ihren Therapeuten/-in ?	[ ]	[ ]	[ ]	[ ]	[ ]
2c. Ich diskutiere oft mit meinem/-r Therapeuten/-in in der Phantasie kontrovers.	[ ]	[ ]	[ ]	[ ]	[ ]
2d. Meine(e) Therapeut/-in ging mit mir verständnisvoller um, als ich es selbst bisher mit mir tat.	[ ]	[ ]	[ ]	[ ]	[ ]
2e. Ich gehe mit mir jetzt verständnisvoller um, als ich es vor Beginn der Therapie tat.	[ ]	[ ]	[ ]	[ ]	[ ]
2f. Ich spreche oder handle oft gegenüber anderen so, wie ich denke, daß es mein(e) Therapeut/-in auch getan hätte.	[ ]	[ ]	[ ]	[ ]	[ ]
2g. Wenn ich ein Problem habe, versuche ich es in Gedanken mit meinem(r) Therapeuten/-in zu lösen.	[ ]	[ ]	[ ]	[ ]	[ ]
2h. Wenn ich mich mit einer schwierigen Situation konfrontiert sehe, dann frage ich mich manchmal: "Was würde mein(e) Therapeut/-in wollen, daß ich tue?"	[ ]	[ ]	[ ]	[ ]	[ ]

Seite 1

Die Fragen **2a - 2j** entsprechen den im Kapitel 5.4.5.3 erwähnten Fragen **F 10 - F 19 !**

	überhaupt nicht	wenig	etwas	stark	sehr stark
2i. Ich versuche meine Probleme so zu lösen, wie mein(e) Therapeut/-in und ich in der Therapie an ihnen gearbeitet haben.	☐	☐	☐	☐	☐
2j. Manchmal ist mir , als ob mein(e) Therapeut/-in ein Teil von mir geworden ist.	☐	☐	☐	☐	☐
3a. Wie sehr waren Sie gefühlsmäßig an der Behandlung beteiligt ?	☐	☐	☐	☐	☐
3b. Mit dem/-r Therapeuten/-in habe ich für mich wichtige, letztlich positive Erfahrungen gemacht, die ich vorher noch nie gemacht habe.	☐	☐	☐	☐	☐
3c. Der/Die Therapeut/-in hat sich mir gegenüber anders verhalten, als ich es von anderen Personen früher erfahren habe.	☐	☐	☐	☐	☐

Auf die Frage

"Was erhoffen Sie sich von der Behandlung, welche Ziele möchten Sie erreichen ?"

hatten Sie zu früher geantwortet:

1.Ziel	_____	☐
2.Ziel	_____	☐
3.Ziel	_____	☐
4.Ziel	_____	☐
5.Ziel	_____	☐
6.Ziel	_____	☐
7.Ziel	_____	☐
8.Ziel	_____	☐
9.Ziel	_____	☐

Sind Sie Ihren Zielen <u>innerhalb des letzten Jahres</u> näher gekommen oder haben Sie sich eher davon entfernt ?

	näher gekommen...					...eher entfernt	
	"+3"	**"+2"**	**"+1"**	**"0"**	**"-1"**	**"-2"**	**"-3"**
	stark	*mittel*	*schwach*		*schwach*	*mittel*	*stark*
1.Ziel	☐	☐	☐	☐	☐	☐	☐
2.Ziel	☐	☐	☐	☐	☐	☐	☐
3.Ziel	☐	☐	☐	☐	☐	☐	☐
4.Ziel	☐	☐	☐	☐	☐	☐	☐
5.Ziel	☐	☐	☐	☐	☐	☐	☐
6.Ziel	☐	☐	☐	☐	☐	☐	☐
7.Ziel	☐	☐	☐	☐	☐	☐	☐
8.Ziel	☐	☐	☐	☐	☐	☐	☐
9.Ziel	☐	☐	☐	☐	☐	☐	☐

Wie weit konnten Sie Ihre Ziele <u>insgesamt</u> erreichen ?

Eingetragen sind mit X Ihre früheren Einschätzungen. (Die anderen Ziele
sind von Ihnen anläßlich der letzten Befragung vor einem Jahr neu genannt worden.)
Bitte geben Sie wiederum durch Abstufung zwischen den Werten von 0-4 an, in welchem Maß Sie die
einzelnen Ziel erreichen konnten. Die 0 bedeutet: Gar nicht, die 4 bedeutet: 100% erreicht.

	"0%"	**"25%"**	**"50%"**	**75%"**	**"100%"**
	nicht	wenig	mittel	ziemlich	sehr
1.Ziel	0 ————	1 ————	2 ————	3 ————	4
2.Ziel	0 ————	1 ————	2 ————	3 ————	4
3.Ziel	0 ————	1 ————	2 ————	3 ————	4
4.Ziel	0 ————	1 ————	2 ————	3 ————	4
5.Ziel	0 ————	1 ————	2 ————	3 ————	4
6.Ziel	0 ————	1 ————	2 ————	3 ————	4
7.Ziel	0 ————	1 ————	2 ————	3 ————	4
8.Ziel	0 ————	1 ————	2 ————	3 ————	4
9.Ziel	0 ————	1 ————	2 ————	3 ————	4

Welche Ziele gelten noch ?

Kennzeichnen Sie diese bitte auf der vorhergehenden Seite in den
seitlichen Kästchen mit X.

Falls sich noch neue bzw.veränderte Ziele/Erwartungen ergeben haben, nennen Sie diese bitte!

Neue Therapieziele ...

1. _____

2. _____

3. _____

4. Aus heutiger Sicht: Was ist das Wichtigste an Ihrer Therapie ?

Bitte bringen Sie die folgenden Schwerpunkte in eine Rangreihe.
Das heißt, wählen Sie zunächst, was Ihnen am Wichtigsten war
und notieren Sie dieses im dazugehörigen Kästchen mit 1, dann
wählen Sie den für Sie nächstwichtigen Schwerpunkt und
notieren 2 und sinngemäß weiter bis 4.
Bitte lassen Sie kein Kästchen aus !

Zwischenmenschliches, also etwa wie Befreiung von Einschränkungen
im zwischenmenschlichen Bereich; Verständnis für mich und
andere, mit anderen besser klarkommen...

Die eigene Lebensgeschichte bearbeiten, also etwa Einsicht und
Verständnis für die persönliche Geschichte und Problematik
erhalten; Bewältigung von zurückliegenden, schlimmen Ereignissen...

Orientierung im Leben, also etwa Hilfe bei der Bewältigung/Neuordnung
des Lebens finden...

Befreiung oder Minderung von **Symptomen**...

Vielen Dank für Ihre Mitarbeit !

Frankfurt-Hamburger Langzeitpsychotherapiestudie
Verlaufs- u. Wirkungsforschung von verhaltenstherapeutischer u. psychoanalytischer LZT
in der freien Praxis
Leitfaden für das katamnestische Interview (3 ½ Jahresbefragung)

Name, Vorname: _____   **Datum:** _____

                                              Chiffre: _____

Intervieweranweisung:
Explorieren Sie Punkt 1 - 3 so ausführlich, bis die/der Befragte und Sie beurteilen können, ob Veränderungen stattgefunden haben.
Bitte berücksichtigen Sie dann die ursprünglichen Probleme im **Symptombereich**, um abschließend Veränderungen in diesem Bereich einschätzen zu können.

1. Gab es seit dem Zeitpunkt des Therapiebeginns Veränderungen im <u>beruflichen Bereich</u>
    (z.B. am Arbeitsplatz, im Studium, aber auch hausfrauliche Tätigkeit) ?

                 [＿＿]   Ja   [＿＿]   Nein

Was hat sich verändert (Kommentar der/s Befragten) ?

_____

_____

_____

    1a. Hat sich Ihre <u>Leistungsfähigkeit</u> im o.g. Bereich seit Therapiebeginn verändert ?

                                  [＿＿]   deutlich gebessert

                                  [＿＿]   etwas gebessert

                                  [＿＿]   unverändert

                                  [＿＿]   etwas verschlechtert

                                  [＿＿]   deutlich verschlechtert

    1b. Hat sich Ihre <u>Zufriedenheit</u> im o.g. Bereich seit Therapiebeginn verändert ?

                                  [＿＿]   deutlich gebessert

                                  [＿＿]   etwas gebessert

                                  [＿＿]   unverändert

                                  [＿＿]   etwas verschlechtert

                                  [＿＿]   deutlich verschlechtert

2. Gibt es aus Ihrer Sicht seit dem Zeitpunkt des Therapiebeginns Veränderungen im <u>Partnerbereich</u> ?

☐ Ja   ☐ Nein

Was hat sich verändert (Kommentar der/s Befragten) ?

_____

_____

_____

_____

Leben Sie aktuell in einer partnerschaftlichen Beziehung ?

☐ Ja   ☐ Nein

2a. Sind Sie mit der <u>partnerschaftlichen</u> Situation im Vergleich zum Therapiebeginn

☐ deutlich zufriedener

☐ eher zufriedener

☐ unverändert

☐ eher unzufriedener

☐ deutlich unzufriedener ?

3. Gibt es aus Ihrer Sicht seit dem Zeitpunkt des Therapiebeginn Veränderungen
<u>in der Beziehung zu anderen Menschen Ihres Umfelds allgemein</u> (z.B.Familie, Freunde, Bekannte, Kollegen) ?

☐ Ja   ☐ Nein

Was hat sich verändert (Kommentar der/s Befragten) ?

_____

_____

_____

_____

3a. Sind Sie mit der <u>Beziehung zu anderen Menschen in Ihrem Umfeld allgemein</u>
im Vergleich zum Therapiebeginn

☐ deutlich zufriedener

☐ eher zufriedener

☐ unverändert

☐ eher unzufriedener

☐ deutlich unzufriedener ?

4. Wie lange konnte Sie im <u>letzten Jahr</u> aufgrund von Beschwerden Ihrer alltäglichen <u>Arbeit</u> (hiermit ist auch gemeint als Hausfrau, Student, Schüler) nicht nachgehen ?

insgesamt ca _____ Wochen

5. Beziehen Sie Rente/Zeitrente, haben einen Rentenantrag gestellt oder wollen dies tun ?

[ ]   Nein

[ ]   vor Therapiebeginn

[ ]   nach Therapiebeginn

[ ]   entfällt wg. fehlendem Rentenanspruch

6. Kam es seit Therapiebeginn zu <u>Kuraufenthalten</u> (z.B.psychosomatische, psychiatrische o.Erholungskuren) ?

[ ] Ja   [ ]   Nein

Wenn *JA*

Wie viele ? _____

Wie lange insgesamt ? _____ Wochen

Aus welchem Grund ?
(z.B.Empfehlung Therapeut/Arzt; Unzufriedenheit mit Therapie ....) :

_____

_____

_____

7. Gebrauch von Psychopharmaka/Schmerz-/Schlafmittel...

7a. ...zu Therapiebeginn ?   [ ]   kein Gebrauch

[ ]   seltener Gebrauch

[ ]   häufiger Gebrauch

[ ]   nicht abgeklärt

7b. ...heute ?   [ ]   kein Gebrauch

[ ]   seltener Gebrauch

[ ]   häufiger Gebrauch

[ ]   nicht abgeklärt

Falls Gebrauch heute: Welche Psychopharmaka/Schmerz-/Schlafmittel (möglichst Medikation und Dosis) ?

_____

_____

8. Wurde eine neue Psychotherapie begonnen ?

        [   ] Ja   [   ]   Nein

Wenn *JA*

Wie viele ? _____

Stundenzahl bisher ? ca._____

falls abgeschlossen:
Gesamtzahl d.Stunden ? ca._____

falls bekannt:
Welche Therapieform ?

_____

_____

_____

9a. Es gibt die Aussage: "Die Wirksamkeit von Psychotherapie ist am größten in den ersten 30 Sitzungen."

Wie war Ihre Erfahrung ? - Trifft diese Aussage für Ihre Therapie zu ?
                   (bei einer Stunde pro Woche ist dies im ersten Therapiejahr)

        [   ] Ja   [   ]   Nein

Kommentar der/-s Befragten

_____

_____

_____

_____

_____

_____

Für den Interviewer :   *Die Fragen 9b und 9c sind nur bei Behandlungen von*
von mehr als 100 Stunden (nachfragen!) zu stellen,
bitte fortfahren auf Seite 6 !

9b. Hatte ihre Psychotherapie auch über die 100.Std.hinaus noch eine <u>Bedeutung</u> ?

☐ erhebliche Bedeutung

☐ geringe Bedeutung

☐ keine Bedeutung

Worin sehen/sahen Sie die Bedeutung
z.B bedeutsame neue Inhalte; Konsolidierung des Erreichten; Weiterbearbeitung;
Angst vor der Trennung, Trennungsproblematik)

_____

_____

_____

_____

_____

9c. Kam es in Ihrer Therapie auch jenseits der 100.Std.noch zu <u>Veränderungen</u> ?

☐ erhebliche positive Veränderungen

☐ geringe positive Veränderungen

☐ keine Veränderungen

☐ geringe negative Veränderungen

☐ erhebliche negative Veränderungen

10 a. Wie haben sich Ihre Hauptbeschwerden, deretwegen Sie in Behandlung waren, im Vergleich zu der Zeit vor der Behandlung verändert ?

☐	deutlich gebessert
☐	etwas gebessert
☐	nicht verändert
☐	etwas verschlechtert
☐	deutlich verschlechtert
☐	bin beschwerdefrei

10 b. Worauf führen sie die positiven bzw.negativen Veränderungen in den 3 ½ Jahren seit Therapiebeginn im Wesentlichen zurück ?

(Für den Interviewer: Bitte auch nach einschneidenden Lebensereignissen fragen !)

Kommentar der/-s Befragten

_____

_____

_____

_____

_____

_____

Ende des Patienten-Interviews ! Bitte umblättern zur Interviewereinschätzung !

Für den Interviewer :   *Die Fragen auf dieser Seite betreffen nur die <u>klinische Einschätzung</u> des Interviewers !*

11. Wie hoch schätzen Sie den Anteil der Therapie an den Veränderungen seit Therapiebeginn unabhängig von der Meinung des Patienten ein ?

einen großen Anteil ☐

☐

einen mittleren Anteil ☐

☐

überhaupt keinen Anteil ☐

12. Bitte schätzen Sie nach Durchführung des Interviews die Veränderungen des Patienten innerhalb der letzten 3 ½ Jahre ein bezüglich...

12a. Veränderungen im Erleben u. Verhalten

(Gelassenheit, Optimismus, Entspannung)

☐ deutlich gebessert
☐ etwas gebessert
☐ unverändert
☐ etwas verschlechtert
☐ deutlich verschlechtert

12b. Veränderungen im zwischenmenschlichen Bereich

☐ deutlich gebessert
☐ etwas gebessert
☐ unverändert
☐ etwas verschlechtert
☐ deutlich verschlechtert

12c. Veränderungen im Symptombereich

☐ deutlich gebessert
☐ etwas gebessert
☐ unverändert
☐ etwas verschlechtert
☐ deutlich verschlechtert

Ende des Gesamtinterviews !

Anmerkungen :

_____

_____

_____

„Ich versichere an Eides Statt durch meine eigene Unterschrift, daß ich die vorstehende Arbeit selbständig und ohne fremde Hilfe angefertigt und alle Stellen, die wörtlich oder annähernd wörtlich aus Veröffentlichungen entnommen sind, als solche kenntlich gemacht und mich auch keiner anderen als der angegebenen Literatur bedient habe. Diese Versicherung bezieht sich auch auf in der Arbeit gelieferte Abbildungen, Tabellen und dergleichen."

Hamburg, den 10.12.1999